À Gisèle
de Carole & Claudia
25 Déc. 2009

UN CŒUR TROP LOURD

Ann RULE

UN CŒUR
TROP LOURD

Traduit de l'anglais (États-Unis)
par Claire Forget-Menot

DU MÊME AUTEUR,
CHEZ LE MÊME ÉDITEUR

Si tu m'aimais vraiment
Et ne jamais la laisser partir
Sans nouvelles de toi
Un tueur si proche
On a tué mes enfants
Jusqu'à ton dernier souffle
La Rivière rouge sang

Titre original :
Heart Full of Lies

© Ann Rule, 1996.
© Éditions Michel Lafon, pour la traduction française, 2006.
7-13, boulevard Paul-Émile-Victor - Ile de la Jatte
92521 Neuilly-sur-Seine Cedex

AVANT-PROPOS

Je ne m'étais encore jamais lancée dans la rédaction d'un livre sans avoir en tête une idée claire et précise des tenants et aboutissants de l'affaire au cœur de mon récit. Aucun procès, à ma connaissance, n'a jamais laissé autant planer le doute sur la culpabilité de la personne au banc des accusés. Et je n'avais encore jamais vu la victime soupçonnée de s'être donné elle-même la mort, ni entendu évoquer aussi régulièrement l'éventualité d'un accident.

Pour le présent ouvrage, j'ai été prise entre deux feux, entre les partisans de la victime et ceux de l'accusée, partisans dont la loyauté ne s'est à aucun moment démentie, et ce jusqu'à la fin. Quelle ne fut pas ma surprise, au début, d'entendre que le mort était la cible de nombreuses critiques alors que son assassin était présenté comme une figure angélique... Comment allais-je m'en sortir ? La solution qui s'imposa à moi consista à présenter équitablement les deux points de vue.

Cela dit, des rapports d'enquête, des dépositions écrites, des témoignages oraux, des paroles prononcées au procès, la vérité a fini par jaillir. Au cours de mes recherches, la plupart des messages qui tombaient dans ma boîte aux lettres électronique étaient expédiés par des individus qui préféraient cacher leur identité sous un pseudonyme. En revanche, tous ceux qui prirent contact avec moi pour défendre la mémoire de la victime le firent à visage découvert, en m'indiquant leur nom et en spécifiant la nature de leurs relations avec les protagonistes.

Je me méfie *a priori* des gens qui avancent sous le masque de l'anonymat. À ceux-là, je demandais par retour de courrier : *Avez-vous vu de vos propres yeux ce qui s'est passé ? Est-il possible que ce soit un accident ?* La réponse à ces deux questions était invariablement : *Non.*

Dans ce cas, comment savez-vous ce qui s'est passé ? insistais-je.

Je sais, voilà tout, me répliquait-on.

De deux choses l'une : soit ils étaient aveugles, soit ils s'étaient laissé ensorceler par une brillante manipulatrice, doublée en l'occurrence d'une femme redoutable. D'une meurtrière.

Chapitre premier

Les Alpes de l'Oregon. C'est ainsi que l'on surnomme les montagnes du nord-est de cet État. Hors d'atteinte du vaste réseau routier qui quadrille les immenses plaines en contrebas, elles lancent vers le ciel leurs cimes crénelées où seuls les randonneurs chevronnés osent s'aventurer, au long de chemins marqués en pointillé sur la carte. Après avoir franchi les cols, ces routes périlleuses s'enfoncent au creux de vallées où de minuscules agglomérations survivent tant bien que mal à une gloire passée. Les mauvaises herbes descellent les pavés, la peinture blanche s'écaille sur la façade grise des églises. Ces bourgs à moitié désertés par leurs habitants s'égrènent : Adams, Athena, Elgin, Minam, Wallowa, Lostine. Et, au bout de la route, Enterprise, le chef-lieu du comté de Wallowa, fort de deux mille âmes, puis, enfin, la petite ville appelée Joseph en mémoire d'un grand chef de la tribu des Nez-Percé, la seule localité prospère de la région, grâce à sa fonderie, où chaque coin de rue s'orne d'une sculpture de bronze : cow-boys aux gestes en suspens, aigles royaux en vol.

Le camping Maxwell se situe au sud de la ville de Lostine, à l'écart de la route 82. Pour y parvenir, il faut suivre une piste qui s'enfonce au cœur de la forêt, si peu carrossable que même les 4 × 4 manquent de déraper. Ce n'est pas un trajet pour conducteur du dimanche. Un coup de frein un peu brusque, et l'on termine dans le ravin.

Après le poste de secours des gardes forestiers, où se trouve l'ultime cabine téléphonique – et la dernière chance de capter un réseau de portable –, il faut encore grimper sous un tunnel de verdure, entre les sapins géants.

Au bord de la rivière Lostine, on débouche sur une enfilade de clairières, car, afin de préserver l'intimité de chacun, le camping Maxwell se divise en carrés de terrain.

Le lundi 9 octobre 2000, en début d'après-midi, en abordant la forêt autour du camping Maxwell, le shérif adjoint Rich Stein n'entendit que le bruissement du vent dans les hautes futaies et le gazouillement des oiseaux.

Persuadé que l'endroit était désert, Rich Stein poussa quand même jusqu'aux terrains de camping. Qui serait assez fou pour s'attarder à cette altitude en cette saison ? se demanda-t-il. L'air était déjà glacial en ce début d'automne. Mais son supérieur lui avait confié une mission, et il n'était pas question pour lui d'abandonner à mi-chemin.

Les indications du shérif restaient plutôt vagues. Rich Stein ne savait pas au juste ce qu'il devait chercher. Un campeur blessé ? Un randonneur égaré ? Il ne se rendait jamais dans ces coins sauvages.

Après avoir inspecté quelques clairières sans voir âme qui vive, il redescendit jusqu'au poste des gardes forestiers pour téléphoner à son chef, sur son portable.

Ayant entre-temps obtenu des informations supplémentaires, le shérif le pressa de retourner sur place de toute urgence, en lui précisant qu'il s'agissait du dernier terrain près de la berge.

Cette fois, derrière un panneau indiquant SHADY CAMP-GROUND, Rich Stein découvrit un véhicule garé, un superbe 4 × 4 Suburban blanc dernier cri. La voiture contenait du matériel de camping. Et, un peu plus loin, sur une table à pique-nique, traînait de la vaisselle en plastique. Sinon, toujours aucun signe de vie. Rich Stein se dirigea vers la tente en criant :

– Il y a quelqu'un ?

Personne ne répondit.

Deux raidillons descendaient vers la rivière. La gorge nouée par l'angoisse, Rich Stein emprunta le plus court. Où étaient passés les occupants du Suburban ? En principe, ils ne devaient pas être loin. Il n'était pas rare de trouver dans ces lieux des véhicules vides, leurs propriétaires étant partis se promener un peu plus haut.

En bas de la pente, il se figea. À quelques mètres, sur le sable, à angle droit avec la rivière, un sac de couchage bleu électrique étincelait au soleil. Le dormeur devait avoir le sommeil bien lourd pour ne pas s'être réveillé avec toute cette lumière, songea Rich Stein. Sa tête reposait presque contre un tronc d'arbre déposé là par les gardes forestiers pour marquer les limites de la berge sablonneuse.

– Il y a quelqu'un ? répéta Rich Stein d'une voix plus sourde. Je suis l'adjoint du shérif...

Comme la silhouette ne bougeait pas, aussi immobile que les grosses pierres alentour, il se rapprocha en commençant à soupçonner le pire. Le dormeur, dont on ne voyait que le haut du crâne et un bout de front, était d'un blond roux, ou bien ses cheveux étaient souillés...

C'était bien ce qu'il craignait. Du sang séché. L'homme s'était-il blessé en tombant et recouché parce qu'il avait froid ? Avait-il été assommé ? Frappé ? Était-il ivre mort ? Les hypothèses se bousculaient dans l'esprit du policier.

Hormis ce sac sinistre et une chaise pliante renversée entre deux rochers dans l'eau de la rivière, rien n'indiquait une présence humaine. Rich Stein posa deux doigts sur la carotide de l'inconnu : sa peau était froide, pas de pouls. L'inconnu ne dormait pas, il était mort.

D'un pas vacillant, Rich Stein retourna à l'aire de pique-nique et reprit le volant pour se rendre au poste des gardes forestiers afin d'alerter le shérif, lequel allait convoquer le médecin légiste et les techniciens de la police scientifique.

Le shérif du comté de Wallowa apprit qu'il s'était produit un incident grave au camping Maxwell par un appel en provenance d'un poste de police de l'État de Washington. Une femme venait de signaler aux autorités que quelqu'un était en danger.

Pour le moment, cette femme se trouvait loin, à quatre heures de route des rives de la Lostine, dans la petite ville de Dayton. À l'entendre, elle avait roulé la moitié de la nuit pour sauver sa propre vie et celle de son petit garçon de trois ans. Ses vêtements étaient mouillés, elle tremblait de froid et de peur, mais demeurait calme. Elle ne pensait qu'à une chose : retrouver son fils aîné, âgé de neuf ans, qu'elle avait confié à une amie.

Cette femme encore jeune, très mince, avait un corps sculpté par la musculation et le yoga. Elle paraissait prête à tout pour protéger ses enfants. Ce que la police ignorait encore, c'était que ses amies, autant à Hawaii que dans l'Oregon, la considéraient comme une femme extraordinaire. Une surfeuse émérite, doublée d'une brillante photographe et d'un écrivain de talent.

Son nom ? Liysa Northon. Trente-huit ans. Avec derrière elle une vie riche en rebondissements, une vie pleinement réussie.

La première personne vers laquelle Liysa se précipita ce matin-là, après le drame, fut son frère, qui habitait Walla Walla. Jon DeWitt, dit « Tor », était kinésithérapeute, spécialisé dans la médecine du sport et, comme sa sœur, il avait un physique athlétique et musclé. C'était un homme bien organisé, aux habitudes régulières : depuis son divorce, il avait la garde de ses enfants. Levé chaque jour à 6 heures, il s'apprêtait à avaler sa dose coutumière de vitamines et compléments alimentaires quand il sursauta en entendant la porte qui s'ouvrait.

Dans la cuisine plongée dans la pénombre, il distinguait mal le visage de Liysa.

– Je n'ai pas remarqué tout de suite les marques de coups sur son visage, déclarerait-il par la suite.

Elle avait aussi une coupure au doigt et un hématome à la « troisième vertèbre thoracique ». Son pantalon de jogging, sa chemise et ses cheveux étaient trempés.

Elle déclina cependant son offre de la conduire aux urgences du St Mary's Hospital. Comme elle avait l'air de n'avoir que des égratignures, et qu'il devait aller travailler, Tor ne s'en inquiéta pas outre mesure. Il se contenta de lui demander qui lui avait fait cela. Comme elle ne répondait pas, il supposa que le coupable était son mari, Chris. Elle lui jura que non. Pourtant, elle lui avait souvent confié qu'il se montrait parfois violent.

C'est alors qu'elle lui déclara avoir « tiré sur Chris ».

– Tu l'as touché ? interrogea son frère, soudain pris de panique.

– Je n'en sais rien.

Liysa continua en disant qu'elle ne pouvait rester plus longtemps car elle était pressée de récupérer Papako, son fils aîné, chez son amie Ellen Duveaux...

Le soleil venait à peine de se lever. Il était 7 heures du matin.

Ellen et Liysa étaient amies de longue date. Liysa avait onze ans de moins qu'Ellen. Elle était encore lycéenne quand elles s'étaient rencontrées, un été, dans un champ de haricots – dont la cueillette offrait aux jeunes du pays des emplois saisonniers – au creux des vallées fertiles de Walla Walla. Ellen se rappellerait toujours avec quelle dextérité l'adolescente énergique, malgré sa petite taille, conduisait son tracteur, alors qu'elle-même était plus timorée. Déjà à l'époque, Ellen vouait à Liysa une admiration éperdue.

Ellen épousa un dénommé François-Louis Duveaux, qui se révéla un homme très terre à terre. Propriétaire d'un ranch où il cultivait du blé dans les environs de Dayton, il n'aurait échangé son mode de vie contre rien au monde.

Liysa, pour sa part, avait soif d'aventures. Elle voulait voyager. À contrecœur, elle accepta de se plier à la volonté de son père et entreprit des études supérieures.

Quand Liysa quitta Walla Walla pour des contrées plus exotiques, les deux femmes se perdirent de vue. Dans les années quatre-vingt-dix, elles se retrouvèrent comme si elles ne s'étaient séparées que la veille. Liysa avait une foule d'histoires extraordinaires à raconter à son amie. Ellen, qui était de nature rêveuse (elle était devenue artiste, spécialisée dans le vitrail), l'écoutait avec des frissons de peur. Comme autrefois, le courage et le dynamisme de Liysa l'éblouissaient.

Vers 7 h 30 du matin, en ce lundi 9 octobre, le mari d'Ellen, François-Louis, appela sa femme depuis la cour, d'un ton outré : Liysa venait de garer son 4 × 4 devant sa voiture ! Elle bloquait le passage ! Ellen attendait la visite de son amie, mais tout de même pas aux aurores...

À la demande de Liysa, Ellen gardait Papako depuis le vendredi. Liysa lui avait téléphoné la semaine précédente pour lui dire qu'elle souhaitait passer le week-end à la montagne avec Chris, son mari, et leur petit garçon, Bjorn. Papako, le fils de son précédent mariage, souhaitait prendre des cours de vitrail avec Ellen. Cette dernière n'avait pas hésité. Papako était un enfant adorable, la porte des Duveaux lui était grande ouverte.

Le vendredi soir, Liysa était venue de Bend, qui se trouve dans l'Oregon, où Chris et elle possédaient une propriété, afin de déposer Papako. Une très longue route, près de cinq cents kilomètres. Après avoir passé la nuit chez les Duveaux, elle était partie rejoindre Chris à la montagne, au bord de la Lostine, en promettant d'être de retour le lundi pour récupérer Papako.

Lorsque Liysa s'approcha, Ellen découvrit avec horreur qu'elle était « trempée et couverte de bleus ». Son bras pendait le long de son corps selon un drôle d'angle.

Esquivant les questions pressantes de son amie, Liysa la pria de l'aider à sortir Bjorn de l'Explorer.

— J'ai mal à l'épaule, je n'arrive pas à le soulever, précisa-t-elle.

Pendant qu'Ellen prenait le petit dans ses bras, elle remarqua que Liysa claquait des dents. Liysa avait toujours froid, même à Hawaii, où elle passait la moitié de l'année. Elle était aussi affectée d'un mal bénin, appelé maladie de Raynaud, et ses doigts se cyanosaient dès que son corps ne parvenait plus à se réchauffer.

Ellen dévisagea intensément son amie. Liysa avait une joue gonflée, un petit hématome au coin de l'œil et, apparemment, le bras ou l'épaule démis ou fracturés.

– Chris a essayé de me tuer, articula Liysa dans un sanglot. Chris a essayé de me tuer...

Chapitre 2

La nouvelle de la mort de Chris fit l'effet d'un coup de tonnerre dans un ciel sans nuage. Tout le monde dans l'entourage de Chris et Liysa fut stupéfait. Chris Northon, un tueur ? Liysa, une meurtrière ? Un tel malheur n'avait pu frapper ce couple parfait, béni des dieux.

Les officiers de police chargés de l'enquête n'y comprenaient rien. Ils ignoraient tout de la vie de Chris et Liysa Northon. Ces derniers n'étaient pas résidents du comté de Wallowa, mais d'Hawaii, et aussi de Bend, dans l'Oregon. Chris et Liysa avaient réussi à se partager entre deux paradis...

Lisa Ann DeWitt[1] est née à Silver City, au Nouveau-Mexique, le 10 mars 1962, à l'époque où la popularité du président John Kennedy était à son comble et où John Glenn permettait à l'Amérique de rattraper son retard dans la conquête spatiale.

Six mois après cette naissance, Sharon et Wayland DeWitt s'installèrent dans le Missouri, où leur fils, Jon Keith, vit le jour le 7 novembre 1963. Wayland, alors enseignant sans poste fixe, effectuait de nombreux déplacements en fonction de ses affectations ; aussi Sharon se retrouvait-elle parfois seule pour s'occuper des deux bébés. Derrière une physionomie franche,

---

1. Elle modifiera l'orthographe de son prénom au lycée.

Wayland cachait une grande intelligence, qui allait lui permettre d'obtenir un doctorat puis d'exercer de grandes responsabilités dans la direction de plusieurs établissements d'études supérieures.

Lorsque Liysa eut cinq ans, la famille DeWitt emménagea à Walla Walla, ville de 30 000 habitants, dans l'État de Washington. Leur maison était spacieuse, nichée dans une impasse privée. Bientôt les DeWitt devinrent des piliers de la communauté, y compris de la paroisse épiscopalienne.

À l'école, Liysa se lia à Marni Kelly : ainsi naquit une amitié qui allait perdurer vingt-cinq ans. Le père de Marni était enseignant comme Wayland DeWitt, ce qui leur faisait un point commun, mais l'affection que se portaient ces fillettes était plus profonde. Leur intérêt pour la gymnastique les rapprocha encore, ainsi que leur souhait de devenir pom-pom-girls. Elles effectuèrent toute leur scolarité ensemble, de l'école primaire Prospect Point au collège Garrison et à l'unique lycée de la ville, Walla Walla High.

Enfant, Liysa passait beaucoup de temps en montagne, à Joseph, dans l'Oregon, chez ses grands-parents maternels. Elle dévalait les eaux tumultueuses des torrents en kayak, nageait comme un poisson dans les petites criques et adorait les randonnées en montagne.

Sa mère avait grandi à Joseph. Sharon DeWitt, dans sa jeunesse, avait été une brune piquante à la longue chevelure, si jolie qu'à quinze ans elle fut élue « reine de Joseph ». Il reste une photo d'elle à cette époque, moulée dans une tenue de cow-girl blanc et vert pâle, avec aux pieds des santiags blanches ornées d'un aigle doré. Elle montait à cheval comme une diablesse, et, au rodéo, les hommes n'avaient d'yeux que pour elle.

Sans doute dut-elle mettre fin à ses exploits équestres en donnant naissance, à vingt et un ans, à Lisa... Une petite fille qui, dès ses premiers pas, lui voua une haine sans merci.

Liysa confierait plus tard à quelques amis que sa mère l'avait maltraitée durant sa jeunesse. Dans ses souvenirs, elle avait été une victime impuissante. Sharon, disait-elle, l'avait maintes fois poursuivie avec un couteau et elle lui imputait au moins vingt-six fractures. Elle supporta ces sévices jusqu'à l'âge de seize ans avant de s'enfuir de chez elle. Liysa se rappelait notamment un incident au cours duquel Sharon força sa fille de neuf ans à s'accroupir dans la baignoire pendant qu'elle la battait comme plâtre : pas question que la petite souille le sol carrelé de la pièce en s'oubliant à cause de la violence des coups. En revanche, Liysa ne critiquait jamais son père, même si, apparemment, il fermait les yeux et l'abandonnait à son sort.

Selon Liysa, plus elle approchait de la puberté, plus elle s'attirait les foudres de sa mère. Elle se souvenait de gifles violentes, de ceintures lui lacérant le corps, de vases brisés dans son dos ensanglanté.

Plus tard, Liysa exonéra Sharon d'une partie de ses torts. Après tout, disait-elle, sa mère avait eu une enfance malheureuse. Pour autant, Liysa ne rechignait pas à séjourner chez ses grands-parents maternels, à Joseph, où elle passait toutes ses vacances.

Liysa décrivait sa mère comme une femme esseulée, dépassée par l'éducation de deux enfants, guère capable de s'intégrer au milieu intellectuel que fréquentait son mari. Mais elle prenait soin de taire que Sharon DeWitt connaissait fort bien le monde universitaire, ayant été chargée du recrutement du personnel de deux établissements d'études supérieures.

Si Liysa vilipendait sa mère, elle jugeait que son père, cet homme brillant et doux, était sans tache ; elle affirmait qu'il lui avait appris à surmonter ses préjugés de tous ordres, notamment en la pressant d'accepter les invitations de jeunes gens qui ne demandaient pas mieux que de devenir ses chevaliers servants.

L'idée selon laquelle les apparences seraient trompeuses eut l'heur de déchaîner l'imagination de Liysa. Toute petite, elle se figurait non seulement qu'elle n'était pas la fille de ses parents, lubie banale chez les enfants, mais aussi que sa mère et sa tante n'étaient pas les descendantes biologiques de leurs propres parents...

Peut-être les élucubrations de Liysa venaient-elles d'une créativité exacerbée. Plus douée que ses camarades, plus portée à l'introspection, elle était aussi plus rêveuse. En esprit, elle menait la vie à laquelle elle aspirait. Quoi qu'elle ait subi au cours de sa jeunesse, quelle que fût la part de déterminisme génétique, elle éprouva au fil du temps un besoin croissant de sécurité, besoin qu'il lui fut difficile d'assouvir, dans la mesure où elle avait aussi soif d'aventures, de reconnaissance, d'amour absolu et inconditionnel. Sur le plan sexuel, elle serait insatiable, ce qui ne représenterait pas un problème pour les hommes qui partageraient sa vie. Ne disait-elle pas à qui voulait l'entendre qu'il lui fallait faire l'amour tous les jours ?

Liysa n'était pas l'élève la plus populaire du lycée de Walla Walla. Elle avait de beaux yeux, certes, et un joli sourire, une chevelure abondante qu'elle coiffait à la Farrah Fawcett, encadrant un visage un peu trop large, des joues rondes d'enfant. Pour faire tourner les têtes, il aurait fallu qu'elle se tienne un peu plus droite, qu'elle marche avec plus d'assurance, qu'un appareil lui redresse les dents...

D'après l'une de ses anciennes camarades, elle ne se détachait pas du lot :

– Liysa était jolie et appréciée de tous, mais on ne la remarquait pas forcément au milieu d'une foule.

Un autre condisciple se rappelle au contraire une Liysa plus affirmée :

– En terminale, elle était de tous les bons plans.

La ville de Walla Walla offrait pour principaux débouchés professionnels des emplois liés au secteur agricole ou à l'entretien du pénitencier d'État. Celui-ci s'était fondu dans le décor, au point que les lycéens n'y prêtaient plus guère attention, sauf lorsque survenait une évasion spectaculaire. Savoir un criminel en cavale ne préoccupait pas les habitants outre mesure : Walla Walla n'intéressait pas les malfaiteurs, qui préféraient s'en éloigner le plus vite possible.

– Quand on apprenait par la radio locale qu'un type s'était enfui, on faisait attention le premier jour à verrouiller nos portières et nos maisons, mais le lendemain, on reprenait vite nos anciennes habitudes, m'expliqua un résident.

Bref, dans les années soixante-dix, Walla Walla était une bourgade américaine typique, dont la banalité exaspérait les uns et rassurait les autres. Pour les jeunes, les occasions de s'amuser étaient rares : on allait danser de temps à autre, mais la grande distraction consistait à acclamer les exploits de l'équipe de football locale – les Diables bleus – et de sa mascotte.

Le samedi soir, les adolescents – et parmi eux Liysa – traversaient la ville en roulant à tombeau ouvert, avec force coups de Klaxon et en hélant les passants à pleins poumons. À une heure plus tardive, leurs véhicules formaient une sorte de procession solennelle jusqu'à un champ de blé, où les bouteilles de bière et les cigarettes – et, plus rarement, des joints – passaient de main en main.

En terminale, enfin, Liysa connut son heure de gloire quand elle devint, avec sa meilleure amie, Marni, pom-pom-girl, avant d'être élue au conseil des élèves puis reine de beauté. Depuis quelques années, elle faisait partie des équipes de tennis, de rallye et de gymnastique.

Restait à décrocher la timbale : être admise au sein d'un « service club », dont le fonctionnement évoque les fameuses *fraternities* des universités américaines. Trois clubs, Kappa Chi, Jeune Fille et Mista, accueillaient une vingtaine de filles par promotion – sur environ trois cents. Après avoir organisé des fêtes tout l'été pour mieux observer les postulantes, les clubs éliminaient les adolescentes trop pauvres, issues de classes sociales défavorisées, ou à la réputation douteuse. La poignée de candidates qui réchappaient de ce premier écrémage étaient soumises à un bizutage avilissant, accoutrées d'oripeaux ridicules et humiliées en public. Les filles les plus coriaces, ravies de se voir enfin sélectionnées, participaient alors à des cérémonies d'initiation fort sérieuses. Le prestige dont jouissaient ses parents au sein de la communauté aurait dû accélérer ce processus pour Liysa, qui patienta plusieurs années avant d'être recrutée par Jeune Fille. Elle put enfin arborer un pull aux couleurs du club et assister aux réunions « secrètes » du mercredi soir, à 19 h 30.

Interrogés sur les fréquentations de Liysa, la plupart de ses anciens camarades se souviennent avec une étonnante précision de son petit ami Randall Edwards : un grand blond au sourire en coin, qui collectionnait les meilleures notes et jouait bien au tennis. Chacun à sa manière, Liysa et Randall[1] feraient un jour les gros titres de la presse.

Nul n'aurait présagé du destin chaotique que se préparait Liysa Ann DeWitt. Elle semblait si saine, si équilibrée... Sans doute Liysa a-t-elle toujours eu des secrets, sans doute a-t-elle refoulé des souvenirs. Peut-être nourrissait-elle des ambitions folles, des rêves impossibles, des frustrations nées de déceptions cruelles. Toujours est-il qu'au lycée sa personnalité réelle était encore en germe, ou alors si étouffée que personne ne réussit à la percer à jour.

À cette époque, Liysa savait-elle ce qu'elle désirait ? Savait-elle ce qui serait indispensable à son bonheur ?

---
1. Randall Edwards est aujourd'hui trésorier de l'État de l'Oregon.

Chapitre 3

En 1979, Liysa termina ses études secondaires et prit le chemin de l'université de l'Oregon, à Corvallis. Son amie Marni s'y inscrivit en même temps qu'elle, entamant pour sa part des études de droit. Liysa passa près de deux ans à Corvallis. Elle y vécut sa première véritable histoire d'amour – et son premier orgasme, à l'en croire – avec un champion de l'équipe des Beavers de l'Oregon. Un dénommé Ray dont, curieusement, ses condisciples de fac n'ont pas gardé le moindre souvenir. Selon Liysa, Ray trouva la mort dans un accident de la route deux mois avant la date de leur mariage. Des années plus tard, elle raconterait par écrit sa première nuit d'amour avec Ray. D'après ce qu'on en sait, il était peut-être originaire d'Hawaii ou de Samoa.

Liysa ne décrocha pas son diplôme. Elle épousa un étudiant de nom de Kurt Moran, le 20 juin 1981, rencontré chez un ami commun. Marni et Ellen furent de la noce. Après quoi elles n'entendirent plus parler de Liysa pendant près de dix ans.

Kurt Moran était californien, plus précisément de Santa Barbara. Il avait vingt ans. De haute stature, très mince, c'était un garçon tranquille et, d'après Liysa, « timide ». Flûtiste de talent, il espérait vivre de son art et suivait un cursus adapté. Le couple emménagea à Ithaca, dans l'État de New York, où Kurt poursuivit ses études à l'université de Cornell. Mais

Liysa, incapable de s'adapter au mode de vie de la côte Est, s'ennuyait.

Par la suite, les récits de Liysa quant à cette première union varieront beaucoup. À un amant, elle affirmera avoir épousé Kurt pour faire plaisir à ses parents parce qu'ils avaient découvert qu'elle couchait avec lui. À d'autres, elle racontera que leur mariage ne dura qu'un week-end, après quoi elle s'enfuit au Mexique pour obtenir un divorce accéléré.

Rien n'était moins vrai. En réalité, Liysa vécut quatre ans avec Kurt, jusqu'en janvier 1985, et resta sa femme pendant deux années encore. Après quelque temps à Ithaca, sur l'insistance de la jeune femme, ils s'envolèrent pour Hawaii. À cette époque, Kurt comprit que la franchise n'était pas la vertu dominante de son épouse.

– Elle était très manipulatrice. Elle n'arrivait pas à dire la vérité. Elle mentait sur tout, son employeur, la personne avec qui elle était sortie la veille, et aussi sur des choses intimes...

Dès le début, Kurt ajouta peu de foi aux histoires folles de Liysa, mais leurs rapports ne sombraient pas dans la violence physique ou verbale. Même en cas de désaccord, ils n'élevaient pas le ton.

S'ils fumaient de temps en temps du cannabis, ils ne buvaient ni l'un ni l'autre, encore moins Liysa que Kurt. Elle ne se droguait pas non plus. En revanche, elle lui raconta que dans son enfance on lui avait administré un traitement pour juguler un « problème psychologique ». Tantôt elle parlait de Ritaline (indiquée pour l'hyperactivité infantile), tantôt de Dilantin (prescrit aux épileptiques) : deux traitements antagonistes, qu'on aurait du mal à associer sans effets secondaires redoutables...

– Elle était intelligente et secrète, témoignera son premier mari, mais aussi capable d'inventer n'importe quoi, de travestir la réalité, uniquement pour vous convaincre de la véracité de son histoire.

Fait étrange, malgré les tensions qu'il constata entre sa belle-mère Sharon et son épouse, celle-ci ne lui parla jamais de sévices subis pendant son enfance.

Lorsque Liysa se plaignit d'avoir des « absences », il n'en crut rien. Ensuite, s'apercevant qu'elle avait eu de multiples aventures, il mit un terme à leur existence commune.

– Il fallait que je m'en aille, je ne pouvais pas supporter de continuer à vivre dans ce mensonge.

En réalité, peu après leur arrivée à Hawaii, en janvier 1983, Liysa avait fait la connaissance d'un homme qu'elle allait placer sur un piédestal : Makimo, sauveteur hawaiien à la peau dorée et au corps d'athlète qui trônait sur une plate-forme au-dessus des baigneurs de la baie d'Hanauma – un croissant de sable clair à perte de vue léché par l'écume de vagues émeraude.

Liysa était arrivée sur la plage en compagnie d'une kyrielle de jeunes femmes fort attrayantes, véritables groupies de maîtres nageurs. Makimo avait aussitôt distingué Liysa qui, à vingt-deux ans, ne ressemblait plus à l'adolescente timorée d'autrefois. Elle était superbe, et, bien qu'elle fût entourée de ravissantes nymphettes en Bikini – parmi lesquelles on recensait des danseuses professionnelles et une ou deux prostituées –, on ne voyait qu'elle et sa chevelure blonde qui lui atteignait la taille.

Makimo n'eut pas de mal à comprendre que Liysa avait jeté son dévolu sur lui et, au début, il crut à un jeu de séduction innocent, mené par une splendide célibataire.

Mais, si Makimo n'était pas marié, il vivait en couple, avait un enfant, et ne comptait en aucun cas abandonner sa famille. Pourtant, il finit par succomber aux assauts de Liysa : ils connurent une brève passion, qu'il qualifierait plus tard d'« aventure d'un soir » et qui devait presque s'effacer de sa mémoire. Liysa, en revanche, prétendit qu'ils s'étaient aimés à la folie et même fiancés. Makimo devint pour elle une obsession, l'aune à laquelle elle allait mesurer la virilité des hommes qui viendraient à croiser son chemin. Peut-être fit-elle cette fixation sur Makimo parce qu'il fut le seul à lui opposer une réelle résistance.

En mai 1983, en tout cas, leur histoire était terminée. Liysa prit l'avion et retourna auprès de son père, alors président du

Community College de Northeast Texas, et fraîchement divorcé de Sharon – pour des raisons qui n'avaient rien à voir avec un conflit sur le recours aux châtiments corporels dans l'éducation des enfants. Liysa ne resta pas longtemps au Texas, préférant son existence hawaiienne, la végétation luxuriante, les fleurs parfumées, l'air caressant des Tropiques et surtout l'océan, l'océan et ses vagues en perpétuel mouvement...

Elle qui adorait l'eau sous toutes ses formes, qui avait grandi dans les torrents de l'Oregon, ne se sentait jamais aussi bien que lorsqu'elle s'offrait aux puissants rouleaux du Pacifique. La mer était son élément ; quand elle faisait l'amour, elle voulait entendre le bruit du ressac.

Et puis, si elle ne pouvait avoir Makimo, pas question de se tenir loin de l'endroit où il se trouvait : la baie d'Hanauma. Elle s'inscrivit à des cours de journalisme et de vidéo à l'université d'Hawaii : Liysa tenait des journaux depuis toujours et adorait écrire. Elle avait aussi un talent particulier pour la fiction. Elle ne comptait cependant pas suivre cette voie sur le plan professionnel : elle avait encore d'autres ambitions.

Difficile de retracer son parcours hawaiien à partir de 1984... Liysa participa à un programme d'exploration marine, qu'elle abandonna peu après au motif que le capitaine du bateau l'avait violée dans les eaux des Caraïbes. À d'autres, elle confia que le chef d'une équipe de vidéastes avait abusé d'elle. Liysa se heurtait décidément à la lubricité masculine. Elle affirma qu'elle était la seule femme à avoir été acceptée parmi les Seals de la Marine américaine, une unité d'élite, mais qu'elle avait été écœurée par l'officier chargé d'évaluer ses aptitudes en natation et en plongée : il lui avait palpé les fesses et les seins ; en retour, elle avait éclaté de rire avant de lui lancer un grand coup de pied dans les testicules.

Pendant tout ce temps, elle restait mariée avec Kurt et jonglait sans doute avec toutes ces versions de sa vie. Son mari n'était pas aussi crédule qu'elle aurait aimé le penser, mais leur mariage allait durer quelque temps encore, du moins sur le papier.

Chapitre 4

Kurt finit par se séparer de Liysa au début de l'année 1985 ; il s'installa à Maui, avant de s'envoler pour Santa Barbara. En avril 1987, il envoya les papiers du divorce à Liysa, qui les signa sans hésiter. Six mois plus tard, ils étaient libres l'un et l'autre.

À choisir, Kurt aurait préféré ne jamais revoir Liysa et couper les ponts avec elle. Son attirance pour la jolie adolescente de dix-neuf ans s'était évaporée au gré des infidélités et des mensonges de son épouse. Toutefois, un peu plus tard, Liysa allait se rappeler à son bon souvenir.

Elle n'était pas du genre à quitter un homme sans en avoir un autre en réserve. Makimo lui ayant signifié qu'il n'irait pas plus loin, que rien ni personne ne mettrait sa famille en péril, elle se remit en chasse. En attendant, elle trouva un emploi plutôt plaisant : nager avec les dauphins dans une piscine d'un parc d'attractions. Avec ses longs cheveux flottant derrière elle et son minuscule Bikini, elle ressemblait à une sirène pourvue de très jolies jambes.

Tim Sands rencontra Liysa chez des amis, le 13 juillet 1985. Il la jugea séduisante et « pas comme les autres ». C'était un beau jeune homme de vingt-quatre ans, d'un mètre quatre-vingt-treize, aux yeux bleus et aux cheveux de lin. Comment pouvait-il deviner qu'il correspondait point par point au genre préféré de Liysa ?

Elle lui déclara qu'elle venait de passer une licence à l'université d'Hawaii – en journalisme ou en biologie sous-marine, il ne se rappelait plus – et qu'elle était dotée d'un Q.I. de génie. Tim ne la crut pas, mais qu'importait : elle était charmante. Il la présenta à sa mère, Jane, qui, elle aussi, fut éblouie par la jeune femme.

– Elle avait l'air si bien, se rappellerait Jane Sands. Une fille ravissante, et intelligente, avec ça.

Un mois après le début de leur liaison, Tim tomba par hasard sur Kurt. Pas un instant il ne se douta qu'il avait devant lui le mari de Liysa. Quand il apprit la vérité, elle lui assura que ç'avait été un mariage éclair, qu'ils avaient divorcé dès le lendemain de la cérémonie. Pur mensonge. Mais Tim était amoureux, et il ne mit pas sa parole en doute. Et pourquoi l'aurait-il soupçonnée ? Tout le monde pouvait commettre une erreur de jeunesse. Il n'allait pas reprocher à Liysa un mariage blanc ! Et puis elle avait l'air tellement heureuse avec lui ! Ils ne tardèrent d'ailleurs pas à emménager ensemble, même si Liysa tenait à garder son appartement, pour préserver son indépendance ; Tim n'émit aucune objection.

Tim avait grandi à Kailua, qui se trouve sur l'île d'Oahu, à l'opposé d'Honolulu. Sa mère y résidait encore, ainsi que nombre de ses anciens camarades de classe. Son quartier d'origine était animé, peuplé de personnalités hautes en couleur : une impasse ruisselante de verdure et de fleurs – tulipiers du Gabon, frangipaniers, kiwis, mesquites, arbres à pluie et pins de Norfolk aux branches duveteuses – qui se terminait sur une falaise, à pic sur l'océan.

Tim Sands avait une licence de mathématiques de l'université d'Hawaii qui ne lui servait à rien.

– Quand j'ai rencontré Liysa, expliqua-t-il, j'avais terminé mes études, mais je n'avais aucun plan de carrière.

Survivre à Hawaii n'était pas compliqué : il suffisait d'avoir un petit travail et l'on s'en tirait très bien. Tim et Liysa coulaient des jours heureux. De temps à autre, une dispute éclatait, jamais rien de méchant. Sauf que Tim finissait parfois par en avoir par-dessus la tête d'entendre vanter les performances sexuelles du fameux Makimo.

– Liysa ressassait qu'il était l'amour de sa vie. À l'entendre, c'était un demi-dieu. À mon avis, elle en pinçait toujours pour lui.

Liysa vouait un amour aussi inconditionnel à Makimo qu'à l'océan.

– Elle adorait le *bodysurf*, plonger et nager. Elle vivait dans l'eau, témoigna encore Tim.

Le jeune homme n'en savait pas long sur le passé de Liysa. Toutefois, son amie lui présenta sa mère, Sharon, qu'il trouva étonnamment sympathique, compte tenu de tous les sévices que Liysa disait avoir subis. Il est vrai que ces mauvais traitements n'avaient pas laissé de trace physique, puisque Liysa n'avait pas de cicatrice – tout au plus quelques bleus et des bosses causés par ses corps à corps réguliers avec les rouleaux du Pacifique.

La troisième obsession de Liysa portait sur son journal intime. Elle le tenait de manière compulsive. La mère de Tim s'en souviendrait :

– Elle partait écrire dans la montagne. Elle disait qu'elle avait besoin d'espace pour se confier à son journal. Elle ne permettait jamais à personne de le lire. Elle écrivait tellement qu'elle avait un carton de cahiers.

Cette même année 1985, Liysa rendit visite à son père, qui résidait à Pittsburg, au Texas. Lorsque Tim lui téléphona, elle lui annonça non sans fierté que son père avait engagé une secrétaire afro-américaine, faisant fi des pressions d'un milieu assez raciste. Lors de son deuxième coup de téléphone, Liysa se tut subitement puis chuchota qu'elle entendait des bruits d'émeute sous sa fenêtre. Elle lui demanda de ne pas quitter. Et Tim, à sa stupéfaction, entendit plusieurs détonations. Devait-il raccrocher pour appeler la police ou bien attendre ? Elle reprit le combiné quelques secondes plus tard et le rassura : elle avait juste tiré quelques coups en l'air pour effrayer les délinquants. Par bonheur, ils avaient détalé. Avec Liysa, la vie ne manquait jamais de piquant.

Au début de leur relation, peu importait à Tim que Liysa fût cachottière et indépendante. Mais, peu à peu, comme Kurt Moran avant lui, il finit par remarquer que Liysa arrangeait souvent la vérité à sa convenance.

Voici ce qu'il déclara à ce propos :

– Elle ment tellement qu'elle finit par croire à ses propres mensonges. C'est pourquoi elle est si convaincante. Elle ment sur n'importe quoi. Comme j'ai une excellente mémoire, je n'ai pu m'empêcher de remarquer qu'elle se contredisait. Et puis certaines de ses élucubrations allaient trop loin.

Ces menus accommodements avec la vérité ne troublaient pas Tim outre mesure, du moment qu'ils n'interféraient pas avec leur relation de couple. Ils étaient toujours heureux, ne songeaient guère au lendemain, comme on sait le faire quand on est jeune et que l'on vit sous des cieux aussi cléments que ceux d'Hawaii.

Un jour, cependant, en mai 1986, alors qu'il la conduisait à l'aéroport, depuis lequel elle devait s'envoler pour une autre île de l'archipel, Liysa décréta tout à trac que « quelque chose clochait » entre eux. Il fallait qu'ils parlent. Tim se mit à bafouiller : il tombait des nues. Puis elle éclata en sanglots.

– Elle s'est mise à tirer de manière compulsive sur la bandoulière de son sac de voyage. Un geste répétitif, insupportable. J'ai eu beau essayer de lui parler, elle ne paraissait pas me voir. Plutôt, on aurait cru qu'elle ne me reconnaissait pas...

Jugeant qu'elle n'était pas en état de voyager, Tim rebroussa chemin et l'obligea à se coucher. Elle était alors dans un état qu'il qualifia de « catatonique ».

– Elle s'est réveillée au milieu de la nuit en réclamant Makimo. Elle ne vivait plus dans le présent. Je lui ai demandé en quelle année nous étions. 1983, m'a-t-elle répondu.

Quand il lui assura qu'ils étaient en 1986, elle le dévisagea comme s'il avait perdu la raison. Pour lui prouver le contraire, il la guida jusqu'au kiosque à journaux le plus proche et lui montra la date du journal.

29

Liysa réussit à persuader Tim qu'elle était amnésique, et ne savait plus qui elle était. Plus tard, il comprit qu'elle avait simplement trouvé un moyen commode de se débarrasser de lui.

– Son petit numéro m'avait convaincu. Pendant un temps, je me suis dit qu'elle s'était persuadée d'avoir perdu la mémoire... jusqu'à ce que j'apprenne que ce numéro était prémédité.

Entre-temps, Tim crut à sa bonne foi et appela sa mère au secours. Cette dernière proposa à la jeune femme de venir se reposer chez elle, dans sa maison de Lanipo Street, si la crise d'amnésie se prolongeait.

Voici la déposition de Jane Sands :

– Elle ne se souvenait de rien. Quand ses amies lui rendaient visite, elles se présentaient comme si Liysa et elles ne s'étaient jamais rencontrées. C'était très curieux.

Liysa était une comédienne accomplie. Jane Sands la prit en pitié et, comme elle partait rejoindre son mari en Asie, elle lui confia sa maison pour deux mois.

À l'approche de Noël, les Sands prièrent Liysa de libérer les lieux et de leur rendre les clés pour qu'ils puissent héberger des membres de la famille. Peu après son départ, une cousine de Tim trouva l'un des journaux intimes de Liysa, sans doute égaré au cours d'un déménagement trop précipité : il était à moitié enterré sous une cabane dans le jardin. La tentation étant trop forte, la cousine s'échina à déchiffrer l'écriture de Liysa, consciente que toutes sortes de bruits couraient dans Lanipo Street à propos de la jeune femme et de sa prétendue amnésie... La lecture de ces quelques pages suffit à confirmer ses pires craintes : Liysa n'avait jamais eu la moindre perte de mémoire ; chaque étape avait été planifiée, calculée, jusque dans ses moindres détails, comme dans un scénario de cinéma.

En apprenant à quel point elle l'avait berné, Tim fut écœuré. Pourquoi Liysa avait-elle menti ? Pourquoi ne lui avait-elle pas avoué son désir de rompre ? Elle aurait au moins pu lui donner une seconde chance, au lieu d'en passer par ce mélodrame digne d'une série B.

Il se rappela à cette occasion une conversation avec Liysa au temps où leur entente et leur complicité le rendaient si heureux.

– Elle m'avait demandé quelle était ma « pierre de touche ». Devant mon air interloqué, elle a précisé : « Qu'est-ce qui te permet de distinguer le rêve de la réalité ? » Je lui ai répondu que pour moi, ce n'était pas un problème. De toute évidence, pour elle, si !

Chapitre 5

Une année environ après sa crise d'« amnésie », qui marqua la fin de sa liaison avec Tim Sands, Liysa épousa l'homme auprès de qui elle allait demeurer le plus longtemps : Nick Mattson[1]. Grand, blond, sportif. Le genre qui lui plaisait.

Les gens qui la connaissaient à l'époque ont affirmé qu'elle sortait déjà avec Nick au moment où elle avait décidé de quitter Tim. Un peu plus âgé qu'elle, Nick poursuivait avec succès une carrière de photographe spécialisé dans le surf. À Hawaii, son nom était sur toutes les lèvres, et ses clichés publiés dans tous les magazines. Il était l'un des rares à posséder ce mélange idéal de courage et de savoir-faire qui lui permettait d'appuyer sur le déclencheur au moment précis où la vague déferlait ; autrement dit, il savait lire et comprendre les courants et les fonds, anticiper l'arrivée des séries, choisir son emplacement tout en palmant pour maintenir sa bouche hors de l'eau. Un exploit à chaque prise de vue. Ses photos étaient d'une beauté époustouflante, et Nick Mattson reste à ce jour une référence absolue. Il fut aussi chef opérateur pour des studios d'Hollywood et signa la photo de plusieurs longs métrages. Son travail l'amenait souvent à voyager, afin de fixer sur la pellicule les vagues magnifiques des îles Fidji ou de Tahiti.

Nick attirait la sympathie de tous. On ne pouvait pas ne pas

---

1. Il s'agit d'un pseudonyme.

le prendre en affection ; il avait le cœur sur la main et vous écoutait toujours avec attention. Il se montrait prévenant. Lorsque Liysa fit sa connaissance, elle se prétendait formée au journalisme et à la vidéo. Son propre père la croyait titulaire d'un diplôme en biologie sous-marine. Nick l'engagea comme assistante et la prit sous son aile. Il était bon professeur, et elle une élève douée et pleine de zèle. Bientôt, elle l'accompagna sur toutes ses prises de vue. Ils devinrent amants.

Cette année-là, en 1987, Liysa effectua un court séjour à Walla Walla pour assister au dixième anniversaire de sa promotion au lycée. Elle y renoua avec un ancien petit ami, un certain Kevin, alors marié et heureux en ménage. Cela n'empêcha pas Liysa de lui écrire ensuite une longue lettre où elle lui expliquait que sa mère avait intercepté celle qu'elle lui avait envoyée juste avant son premier mariage, avec Kurt. À l'en croire, elle aurait aimé que Kevin vienne l'enlever devant l'autel, à l'instar de Dustin Hoffman dans *Le Lauréat*. Liysa était en veine sentimentale, une fois de plus.

Kevin, pour sa part, se garda bien de lui répondre. Liysa et Nick se marièrent un peu plus tard la même année. Leur union devait durer neuf ans, un record pour Liysa.

Avant qu'il lui mette la bague au doigt, elle lui relata sa liaison avec Tim Sands, son épisode amnésique, et lui confia qu'elle avait souffert de crises d'épilepsie dans son enfance. Sans doute la cause première de ses pertes de mémoire... Nick ne demanda pas trop de détails. Tout cela appartenait au passé de sa femme : seuls le présent et l'avenir lui importaient.

Nick se montra plus attentif néanmoins quand elle lui avoua que, à sa grande horreur, elle venait d'apprendre qu'elle était encore officiellement mariée à un certain Kurt Moran alors qu'elle était persuadée que les démarches de divorce avaient abouti. L'affaire fut vite réglée quand Kurt lui expédia les documents nécessaires.

Nick lui apprit à se servir d'un appareil photo sous l'eau et à réaliser des prises de vue presque aussi superbes que les siennes. Liysa était aux anges. Lors des championnats de surf, des centaines de photographes brandissaient leurs téléobjectifs sur les rouleaux, mais seuls deux d'entre eux osaient nager sous le point de déferlement, au risque de se briser les os : Nick et Liysa.

En 1990, Nick et Liysa collaborèrent à la conception d'un beau livre sur la baie d'Hanauma. Liysa écrivit le texte, Nick fournit les visuels. L'ouvrage connut un succès considérable. On le trouve encore actuellement en librairie, et pendant des années il s'arracha dans les kiosques des aéroports d'Hawaii.

« À ceux qui connaissent les secrets de la mer », écrivit Liysa en guise de dédicace. Elle cita Nick, ses beaux-parents, Makimo et sa femme, et même son ex-amant Tim Sands et sa mère.

Liysa fut longtemps heureuse avec Nick. Leur passe-temps favori consistait à bâtir des maisons. Liysa se disait très fière de leurs talents d'architectes amateurs.

Liysa et Nick formaient une bonne équipe. Il n'y avait que deux ombres au tableau : Liysa s'intéressait infiniment plus à la photo de surf et à la charpenterie qu'au ménage. Pour rien au monde elle n'aurait passé l'aspirateur ou trié le linge. Leur intérieur se transformait peu à peu en porcherie. Quant au deuxième sujet de conflit, il se résumait à ceci : Liysa se disputait avec Nick, tout le temps. Même le jour de leur mariage, se rappellent leurs amis, elle l'avait houspillé sans relâche. Nick ne s'en formalisait guère : sans doute s'y était-il accoutumé.

Une fois mariée, Liysa se mit en tête de le faire rompre avec ses anciennes connaissances ; en guise d'aide-mémoire, elle exigea qu'il se fasse tatouer son prénom sur son bras.

Nick admettait qu'ils se querellaient quelquefois, « comme tous les couples ». Au bout du compte, il laissait toujours à Liysa le dernier mot, pour avoir la paix.

Connaissant Makimo avant de la rencontrer, Nick ne s'offusqua pas autant que Tim Sands de l'admiration effrénée que lui vouait Liysa. Il éprouvait le plus grand respect pour la force de caractère et le courage de cet Hawaiien qui d'abord maître-nageur sauveteur, était devenu soldat du feu. Makimo avait finalement épousé la mère de son enfant, et ne manifestait aucun désir de lui être infidèle.

À ce sujet, Liysa feignit un temps l'indifférence. Était-elle jalouse de la femme de Makimo ? En tout cas, Nick ne s'en aperçut pas, au point qu'il arrivait aux deux couples de se fréquenter, Nick et Makimo s'étant trouvé une passion commune pour la pêche.

Or Liysa était une incorrigible romantique. Elle rêvait d'une grande passion amoureuse, comme on en voit au cinéma ou dans les romans. Dans le secret de son cœur, elle restait persuadée que Makimo la désirait encore et que seul les séparait un sort cruel. Aux pages de son journal, elle confiait aussi que deux autres hommes comptaient pour elle. Kevin, à qui elle avait écrit une longue lettre tendre, alors que son ex-petit ami n'avait manifestement aucune intention de tromper sa femme. Et Ray, dont elle n'écrivit jamais le nom de famille, et que nul ne se rappelait. Ray, dont la disparition prématurée – si tant est qu'il ait existé – l'avait marquée pour la vie...

Animée d'une imagination rocambolesque, la jeune femme noircissait cahier après cahier puis les rangeait dans des cartons, avec des brouillons d'œuvres, romans et scénarios. Elle modifiait le nom des membres de son entourage, alternait entre identités réelles et inventées, afin que nul ne puisse faire la part du vrai et de la création pure et simple. À moins qu'elle-même n'ait été incapable de faire la différence.

Ce n'est toutefois pas cette propension à passer sans cesse de la réalité à la fantasmagorie qui mina son mariage, mais une sorte de boulimie immobilière qui la poussait à acheter toujours d'autres maisons, plus belles, plus grandes. D'où lui venait cette étrange obsession ? L'insécurité qu'elle éprouvait trouvait-elle sa source dans une enfance malheureuse ? Toujours est-il que Nick, qui gagnait fort bien sa vie, ne voyait aucune raison de lui refuser ses caprices, jusqu'à un certain point... Et puis elle avait des revenus confortables et ses talents de photographe n'étaient plus à démontrer.

En 1991, Liysa tomba enceinte et, par la force des choses, dut suspendre ses activités professionnelles. En novembre, elle accoucha d'un garçon, qu'ils baptisèrent Papakolea, en hawaiien « vague déferlante ».

Liysa s'était épanouie pendant sa grossesse et prenait part avec joie aux réunions de jeunes mamans qui se soutenaient mutuellement et échangeaient des conseils concernant l'éducation du nourrisson ou l'allaitement. Liysa voulait être la meilleure mère qui soit. Papako était un enfant adorable, qu'elle auréolait de mille talents. Les autres mères fondaient autant devant lui que devant Liysa, dont l'énergie et l'enthousiasme se révélaient contagieux. Elles la trouvaient vaillante, merveilleuse : un exemple à suivre.

Liysa avait vingt-neuf ans à la naissance de son fils et sa conduite laissait entendre qu'elle avait attendu le moment d'aimer son enfant toute sa vie durant. Il l'accompagnait partout et elle lui apprit à nager, à pêcher, à interpréter les caprices du vent. Sur la plage, les gens se retournaient pour admirer cet enfant au corps doré par le soleil, aux boucles presque blanches, qui trottinait auprès de sa ravissante maman.

Papako ne fut pas long à apprivoiser la puissance sauvage des rouleaux. Il fut bientôt aussi à l'aise dans les vagues que Liysa et son père. Peut-être aussi parce que, sollicité partout où il y avait des surfeurs à photographier, Nick s'absentait souvent, il se tissa entre la mère et le fils une relation particulière. Elle avait l'intention de lui apprendre tout ce qui lui serait nécessaire, d'embaucher au besoin des artistes, des musiciens, des danseurs pour cultiver le moindre de ses dons ; elle résolut aussi de le sevrer le plus tard possible et de le scolariser à domicile, pour le soustraire à l'influence délétère de mauvais enseignants.

Elle écrivit dans son journal intime que Papako avait été conçu sur une plage à marée basse, dans le souffle d'un zéphyr, face à une mer aux mille reflets magiques. C'était l'enfant parfait.

Deux mondes se heurtaient dans l'esprit de Liysa : le premier, dans lequel elle vivait malgré elle ; le second, idéal, bienveillant, n'existait que dans son imagination. Liysa souhaitait que Papako conserve son innocence, qu'il soit préservé de la « déshumanisation » de la société industrielle, en puisant notamment dans les traditions séculaires des Hawaiiens. Une vie saine et simple, tournant le dos aux fast-food et à la modernité. Plus tard, quand il serait grand, elle lui enseignerait la sexualité, pour reprendre les mots qu'elle emploie dans ses carnets, « comme un gage d'amour et non comme la satisfaction d'une pulsion sans engagement affectif ».

Liysa adorait Papako et s'entendait bien avec Nick, sans doute parce que celui-ci n'était pas souvent là. Nick évitait les scènes de ménage en cédant à Liysa pour tous ses caprices. Et il essayait de la satisfaire. Toutefois, il était consterné par l'appétit insatiable de sa femme pour les biens immobiliers. Elle le poussait à acquérir un si grand nombre de maisons qu'en dépit de ses revenus conséquents il dut appeler ses parents à la rescousse pour garantir son crédit. Après bien des discussions, il accepta qu'elle achète une vieille demeure sur Lanipo Street, voisine de celle de Jane Sands, la mère de Tim.

Puis il fut question d'un ranch dans l'Oregon. Un vaste domaine de deux cents hectares que Liysa rêvait de transformer en centre de cure New Age dispensant cuisine végétarienne, massages, cours de yoga et séances de méditation ; elle comptait le baptiser Chrysalis, chrysalide. En fait, elle envisageait deux centres de ce type : l'un dans les montagnes de l'Oregon, l'autre en bord de mer, à Hawaii, censés servir de havre de paix à des femmes blessées par la vie.

– Elle voulait vendre nos maisons d'Hawaii pour financer ce projet, se rappellera Nick. Moi, je n'avais aucune envie de vendre, ni de m'installer sur le continent. Pourtant, j'aimais bien l'idée de posséder un patrimoine immobilier important. Mais là, elle allait trop loin.

Liysa ne s'arrêta pas en si bon chemin : outre la spécialisation dans la remise en forme, elle allait aussi élever des lamas, des alpagas ou des bisons, transformer le ranch en maison d'hôte...

À contrecœur, Nick consentit à l'acquisition d'un terrain de quelques hectares à la périphérie de Bend, dans l'Oregon. Ils l'achetèrent 119 000 dollars pour le revendre quelques mois plus tard 160 000. Une bonne affaire, qui ne consola pas Liysa de sa déception de ne pas posséder de ranch.

Pressé par ses parents, que la spirale de l'endettement de leur fils affolait, et refusant de signer des demandes de crédit supplémentaires, Nick se rendit compte que son mariage était en train de faire naufrage. Il n'arriverait jamais à satisfaire sa femme. Cela l'attrista, mais il n'eut jamais de paroles dures à son égard.

– C'était moi qui réglais les factures : je suppose que Liysa nous croyait plus riches que nous l'étions.

Chapitre 6

L'immobilier ne fut pas l'unique motif de rupture entre Nick et Liysa. Lassée de son mari, elle s'ennuyait. Quand elle pensait à Tim Sands, elle songeait avec regret combien ses performances au lit la satisfaisaient. Elle en voulait à Nick de la frustrer aussi bien sexuellement que financièrement. Elle ne trouvait plus aucune gratification dans sa vie conjugale.

Liysa se mit à se languir de Ray, de Kevin, et de Makimo. Elle accablait Nick de tous les défauts. Elle lui reprochait de manquer de « spiritualité », d'être « étroit d'esprit ». Elle le trouvait négatif. Elle entrait dans des colères de plus en plus violentes.

Une nouvelle litanie se dessinait au fil des pages de son journal : *Je hais mon mari. Je hais mon mari. Je hais mon mari...*

Elle pensait que Nick cherchait à la briser par ses critiques et son indifférence. Un jour, il oublia de prendre le téléobjectif de Liysa sur une prise de vue : elle lui reprocha de saboter son travail.

Quand Nick rentrait à la maison, elle l'accueillait sans un mot, sans un geste, plongée dans un état « catatonique ». Lorsque son mari partit pour l'Indonésie, elle intrigua pour reprendre contact avec Tim, Makimo et même Kevin. En vain. Aucun des trois ne voulait plus d'elle... Frustrée, elle sombra peu à peu dans la dépression et finit par se persuader qu'elle était atteinte d'un cancer du col de l'utérus.

Papako avait environ deux ans lorsqu'elle écrivit une longue lettre alambiquée à Kevin, qui habitait toujours l'Oregon. Elle lui rappelait la promesse qu'elle lui avait sans doute extorquée un jour de procurer à Papako un emploi quand il serait adolescent. Si elle se montrait aussi soucieuse quant à l'avenir, disait-elle, c'est qu'elle était à l'hôpital, où on la traitait pour son cancer... Elle ne savait pas combien de temps il lui restait à vivre.

Kevin était, à l'en croire, la seule personne en qui elle eût confiance. Mais comment être sûre, poursuivait-elle, qu'il s'occuperait de Papako dans quinze ans, alors qu'il n'avait pas tenu sa promesse (formulée dix ans plus tôt) de la revoir ?

Elle concluait en se comparant à Humphrey Bogart dans *Casablanca*, que la force du destin séparait de sa bien-aimée, comme jadis elle-même avait été obligée par sa mère de rompre avec lui... Sans la morphine qu'on lui injectait à l'hôpital, elle n'aurait jamais eu le courage de le lui avouer. Le psychologue du service lui avait affirmé qu'une des causes du cancer était à chercher du côté du refoulement des émotions. Il y avait si longtemps qu'elle étouffait son amour pour lui...

Tu étais mon seul ami, écrivit-elle, *le seul à qui je me confiais. Pour tous les autres, je suis un cactus. Sous la pluie de tes larmes, je m'épanouis comme une fleur sur une tige épineuse.*

La prose de Liysa avait beau être sentimentale à outrance, Kevin resta de marbre. Dépitée, elle redoubla d'attentions envers Papako et réintégra pour un temps l'équipe de Nick. Celui-ci travaillait à présent comme chef opérateur pour un film sur le surf (et la suite de celui-ci) qui battit des records au box-office : *Endless Summer*. Aujourd'hui encore c'est un documentaire culte.

Ce succès ne ragaillardit pas Liysa, qui passait de plus en plus de temps sur la plage. À Nick, elle exprima à de nombreuses reprises son désir de divorcer. Son mari crut longtemps qu'elle ne parlait pas sérieusement.

Il ne savait pas encore qu'elle avait trouvé quelqu'un d'autre, un homme paré de toutes les qualités qu'elle recherchait. Il se nommait Chris Northon.

Chapitre 7

Jusqu'à sa rencontre avec Liysa, Chris Northon avait mené une agréable vie de célibataire. Pilote de ligne, il travaillait pour la Hawaiian Airlines et louait une petite maison sur Lanipo Street avec ses deux collègues, Joe Wilson et Randy Ore. De joyeux drilles, témoigna leur propriétaire, Margaret Lefton, qui occupait le rez-de-chaussée, dont elle n'eut jamais à se plaindre. En fait, ils se trouvaient rarement là tous les trois en même temps, car il y en avait toujours un ou deux de service. Chris était son préféré.

– Chris avait toujours le sourire, et toujours un mot gentil, dira-t-elle. C'était un homme formidable, si enjoué... Il était très aimé dans le quartier.

Chris menait une carrière exemplaire à la Hawaiian Airlines. Son supérieur hiérarchique souhaitait qu'il prenne du galon et écrivit à cet effet une lettre de recommandation dithyrambique dans laquelle il s'étendait sur l'exemple que représenterait Chris pour des recrues s'il passait instructeur et superviseur. Il avait 4 500 heures de vol à son actif, aux commandes de multimoteurs, de Jets et de turbopropulseurs. Il était enchanté de partager son existence entre deux États aussi différents que possible : Hawaii et l'Oregon. À Kailua, il profitait avec ses camarades pilotes des plus belles plages du monde ; à Bend, sa ville natale, il retrouvait sa famille et partait en compagnie des siens pour de longues randonnées en montagne.

Un jour, Chris décida d'acheter à Bend une maison ancienne à restaurer, afin de passer plus de temps avec ses amis. Il effectua dès lors de fréquents allers-retours en avion entre Hawaii et Portland, où il prenait une voiture pour se rendre à Bend, le tout aussi aisément que d'autres parcourent quarante kilomètres chaque jour pour se rendre à leur travail.

Les deux meilleurs amis de Chris étaient John Gill et Arne Arnesen. Le premier dirigeait avec sa femme Eva une auberge au nord de Bend. Quant à Arne, avec qui Chris entretenait une relation quasi fraternelle, il était cultivateur et, pour arrondir ses revenus, louait ses moissonneuses.

À l'époque de sa rencontre avec Liysa, Chris venait de rompre avec une Hawaiienne prénommée Maka et reprenait le fil d'une ancienne liaison avec une certaine Sabrina Tedford, qui tenait une boutique à Bend. Mais Sabrina, qui élevait seule un enfant, avait du mal à suivre le rythme de vie trépidant de Chris. Quand Liysa fit son entrée en scène, le fil se cassa, cette fois définitivement.

Le destin, ou le hasard, s'apprêtait à faire se croiser les chemins de Liysa DeWitt Mattson et de Chris Northon. Jusqu'alors, ils avaient été parallèles. Tous deux avaient grandi dans les montagnes du nord-ouest de leur pays. Tous deux avaient fait d'Hawaii leur pays d'adoption. Mais, alors que Liysa accouchait de Papako à Oahu, Chris pilotait des chasseurs dans le golfe Persique. Le point d'intersection de leurs trajectoires se trouva être une impasse verdoyante et parfumée donnant sur la mer...

Lanipo Street. Chris et ses amis pilotes y étaient déjà installés depuis un certain temps quand un jeune couple acheta une grande maison vétuste dont personne ne paraissait vouloir et dont le panneau EN VENTE menaçait de disparaître sous une profusion de plantes grimpantes.

Bientôt, Chris remarqua dans la rue une jolie femme très mince accompagnée d'un petit garçon. Ils allaient à la plage. Elle était vêtue du plus minuscule Bikini qui soit. L'homme qu'il supposait être son mari ne paraissait pas très présent.

De son côté, Liysa n'avait pas manqué d'admirer la haute silhouette de Chris. Mais comme elle voyait sans cesse entrer des hommes chez lui, elle le crut d'abord homosexuel. Du moins elle lui laissa entendre le jour où ils se parlèrent enfin.

– Quand je lui ai dit que nous étions tous les trois pilotes, elle a bien ri de sa méprise, raconta Chris à Arne Arnesen.

Chris ne tarda pas à lui prouver qu'elle s'était trompée sur son compte.

Le jour de sa rencontre avec Chris, Liysa écrivit dans son journal en lettres capitales : CHRIS VENU DÎNER ; LA CONVERSATION A DURÉ CINQ HEURES !

Chris se trouva de nombreux points communs avec Liysa. Lui aussi était dans une forme athlétique peu commune, lui aussi adorait nager jusqu'aux petites îles Mokolua, parcours que très peu de gens sont capables d'effectuer. L'esprit frondeur et l'indépendance de la jeune femme séduisirent le pilote. Elle était autonome, elle n'avait besoin de personne. D'après elle, son mariage était moribond et son mari parti pour de longs mois.

Subitement, Chris ne fut plus disponible pour ses vieux copains. Quand la fiancée de Joe, son complice et colocataire de la côte Est, venait pour leur rendre visite, c'est à peine s'il bavardait deux minutes avec elle avant de courir voir Liysa.

Chris devenait méconnaissable. Ses amis le voyaient de moins en moins. Chris leur semblait d'autant plus ensorcelé qu'il refusait de répondre à leurs questions à propos de Liysa. Ils en conclurent que c'était une femme mariée et que Chris se sentait tenu à la discrétion.

Toujours est-il qu'elle s'ingéniait à se glisser la nuit dans sa chambre par la fenêtre. Son mari était-il au courant de leur liaison ? Rien n'est moins sûr. En tout cas, Nick ne manifesta jamais aucune hostilité envers Chris.

Liysa retrouvait dans les bras de Chris le plaisir intense qu'elle avait goûté avec Ray et Makimo. Son journal intime est rempli de références à leurs ébats. Le fait qu'il fût pilote et que, à quarante ans, il n'ait jamais été marié ajoutait du piment à l'histoire. Chris représentait pour elle une proie de choix. En plus, il s'entendait bien avec son petit Papako. Il n'en fallait pas plus à Liysa pour voir en cet homme un futur époux.

Chapitre 8

Le lundi 9 octobre 2000, à 14 heures, les premiers enquêteurs arrivèrent au camping Maxwell, où les attendait le shérif adjoint Rich Stein.

Le taux de criminalité dans cette région montagneuse et dépeuplée étant très faible, ni la police ni le bureau du procureur n'étaient *a priori* habilités à mener une enquête sur un crime de sang. Enterprise, avec ses deux mille âmes, se trouve à des années-lumière de Portland, où sévissent les maux de la société moderne. Les cerfs et les chevaux sont sans doute aussi nombreux que les êtres humains dans le comté de Wallowa.

Matt Cross, jeune inspecteur attaché au bureau du shérif, rêvait de devenir policier depuis sa plus tendre enfance. Pendant ses quatre années de service dans la marine américaine, il avait travaillé au sein d'une unité de protection rapprochée du président George Bush. Après ses études, en 1996, il fut engagé au bureau du shérif de Wallowa, où on l'affecta, comme tous les bleus, aux patrouilles. Jusque-là, il avait bénéficié d'une formation aux Narcotiques et avait procédé à de nombreuses arrestations pour cambriolage, vols de voiture et trafic de drogue. Mais il n'avait jamais eu à élucider de meurtre.

Quand il débarqua sur le lieu du crime vers 15 h 30, il y retrouva le shérif Ron Jett. Le sac de couchage bleu vif n'avait pas été déplacé, personne n'avait touché à rien.

Matt Cross nota le numéro minéralogique du 4 × 4 Suburban : VRS673. Hormis la présence de plusieurs bouteilles d'alcool vides, la scène évoquait une paisible sortie en famille. Pendant qu'un garde forestier se chargeait de marquer au ruban jaune un périmètre de sécurité autour du terrain de camping, jusqu'au bord de la rivière, le shérif et ses hommes accueillirent le médecin légiste, le Dr Lowell Euhus, cinquante-sept ans, l'un des cinq praticiens en activité dans le comté, et le conduisirent au sac de couchage.

Dans ce cocon de tissu, posé sur un mince matelas de mousse reposant lui-même sur une bâche en plastique, personne n'aurait pu bouger, encore moins un homme d'aussi grande taille que celui gisant là, dont on ne voyait qu'une touffe de cheveux blonds, roussie de sang séché.

L'homme était allongé sur le dos. D'après l'état de rigidité cadavérique, la mort remontait à plus de douze ou quatorze heures.

La victime avait une quarantaine d'années, était mince, avec des cheveux blonds abondants. Les inspecteurs pensaient l'avoir identifié : il correspondait en tous points au signalement de Christopher Northon. En ce moment même, on interrogeait sa femme dans un poste de police de l'État de Washington. Elle disait avoir tiré au hasard dans le noir suite à une violente dispute, et pris la fuite.

Pressentant que l'affaire dépassait les compétences locales, le shérif avait alerté la police de l'État, qui lui envoya l'un de ses meilleurs éléments en la personne de Patrick Montgomery, enquêteur à la Criminelle de La Grande depuis trente ans. Montgomery arriva à 17 h 20 en ce lundi après-midi, sous un pâle soleil d'automne. Le ciel était bas, les nuages menaçaient d'exploser. Montgomery, d'un œil exercé, examina les lieux.

Il fut le premier à repérer que la Volkswagen noire garée un peu plus bas était occupée. Montgomery interrogea le conducteur, lequel déclina son identité. Un retraité qui vivait dans les bois entre Joseph et Enterprise. Il était monté jusqu'ici à midi et avait laissé son véhicule pour se rendre à pied au lac Maxwell – une balade de cinq heures.

– J'ai remarqué le Suburban blanc, mais je n'ai vu personne.
– Vous avez entendu quelque chose d'inhabituel ? lui demanda Montgomery.

– Non. Juste des coups de fusil du côté du champ qui borde le lac, mais je me suis dit qu'il devait s'agir de chasseurs de cerfs. Ils ne pouvaient pas venir du camping. Ici, il n'y avait que le 4 × 4. J'ai aussi aperçu des empreintes de sabots de cheval fraîches et du crottin sur le sentier. Des cavaliers sont sans doute passés quelques heures avant moi, mais je n'ai rien vu d'autre.

L'homme ignorait qu'il s'était déroulé un drame à quelques centaines de mètres.

Montgomery inspecta ensuite le 4 × 4, fermé à clé. Un siège bébé à l'arrière, un biberon dans le porte-gobelet, une carte de l'Oregon déployée sur le siège du passager.

Sur le banc de la table à pique-nique, deux sacs à provisions contenaient de la nourriture. Une torche électrique verte et un peigne traînaient sur la table. Dessous, une boîte pleine d'appâts, une canne à pêche, un sac dans lequel était roulé un sac de couchage, et une petite bouteille de propane.

Jusque-là, tout paraissait normal. Montgomery avisa deux raidillons descendant vers la rivière, l'un plus escarpé que l'autre. Il suivit le moins difficile. Un peu plus bas, les eaux vives murmuraient entre les pierres. Un campement était dressé sur la plage : une chaise et deux tables pliantes. Sur les tables, des casseroles, une pochette avec du dentifrice et des médicaments pour enfant, et l'étui d'un canif de la marque Rapala, vide. Un réchaud et une lanterne équipés de leur bouteille de propane.

Le premier indice de lutte gisait à quelques pas. Une bouteille à moitié vide de Kahlua, une autre de bourbon et un cadavre de bouteille de vin éparpillés sur la plage comme si on les avait projetés à terre d'un revers de main.

Entre les tables et la rivière, une chaise pliante trempée supportait des vêtements. Des chaussures d'homme, mouillées elles aussi, étaient posées non loin. Manifestement, il y avait eu de la bagarre. La chaise près de la table était drapée d'une couverture, mais l'autre était renversée dans l'eau. Une deuxième couverture et une veste avaient été retenues par un tronc d'arbre un peu en aval. Montgomery étudia le sol. Des traces de pas et plusieurs empreintes profondes entre les tables et le cours d'eau confirmèrent ses soupçons.

Le policier, aidé de Rich Stein, prit le plus grand nombre de clichés possible avant la tombée de la nuit. Comme le Dr Euhus n'avait encore touché à rien, il put prendre des photographies du défunt dans la position où il se trouvait quand la mort l'avait surpris.

On aurait dit qu'il dormait sur le côté gauche quand la balle avait soulevé sa tête pour la tourner vers le ciel. Du sang séché formait une croûte sur son front et il avait un trou rouge sur le côté droit du crâne. Le sang avait coulé en abondance dans le sac de couchage et en dessous, sur le matelas. Du sang avait aussi suinté des deux oreilles et maculait l'arête du nez d'un mince filet brunâtre.

Le sac de couchage reposait à une dizaine de mètres de la table de camping. Comme le sac lui recouvrait le menton, on ne distinguait pas la totalité du visage, mais on voyait que son front était comme poudré par le sable de la rivière. On pouvait en déduire que le corps avait été légèrement déplacé, puisqu'il n'était plus couché sur le flanc mais sur le dos.

À 18 h 49, les techniciens du service médico-légal vinrent effectuer leurs prélèvements. Il était déjà tard : pour mener à bien leurs recherches, ils durent utiliser de puissantes torches électriques.

À quelques mètres au-dessus du corps, près du sentier le plus escarpé, ils trouvèrent une petite lampe de mineur ; la pile était morte. Ils remarquèrent que les casseroles sur la table portaient des traces de mousse et d'aiguilles de pin. Avaient-elles été ramassées après la bagarre ?

Une petite tente grise se dressait au milieu des arbres en surplomb de la plage. Montgomery y compta trois sacs de couchage, plus des chaussures et un anorak d'enfant. Pas de vêtements d'adulte.

Le sac de couchage qui enveloppait le mort présentait un trou dans sa partie supérieure. Quand ils eurent soulevé le corps, les enquêteurs parvirent à déterrer, sous la bâche, une balle de calibre 38. Elle avait pénétré le sol en suivant une trajectoire quasi verticale.

Montgomery ne put s'empêcher de penser : *Pauvre diable, il ne l'a pas vu venir...*

Ils purent enfin procéder à la levée du corps et le transférer à la morgue d'Enterprise.

Pendant ce temps, Matt Cross poursuivait sa collecte d'objets en compagnie des enquêteurs. Ils découvrirent un portefeuille mouillé, avec une pochette contenant le nécessaire pour rouler des joints de cannabis, et une pincée de cette substance ; à l'intérieur du portefeuille, ils trouvèrent la confirmation de l'identité du défunt. En sus, sa licence de pilote, un certificat médical, deux permis de conduire, le premier délivré par les autorités d'Hawaii, le second par l'État de l'Oregon, des cartes de crédit et des photos de famille.

Sur le sable, ils identifièrent trois séries d'empreintes : des petites, les unes faites par des pieds de femme, d'autres par des pieds d'enfant en bas âge, et des grandes... des traces de chaussures d'homme. Les mêmes que les enquêteurs avaient ramassées près de la table de camping.

Le sable était tassé autour de la table, comme si quelqu'un y avait préparé un repas. Mais un peu plus loin, à deux mètres du bord de l'eau, une curieuse configuration attira leur attention : les traces montraient que quelqu'un s'était tenu à genoux à cet endroit, paumes sur le sol et doigts de pieds recroquevillés. Il y avait aussi des ondulations dans le sable, comme des empreintes de vêtements.

L'enquêtrice posa sa main sur la trace dans le sable : c'était la main d'une femme ou d'un homme de très petite taille.

Les vêtements détrempés posés sur la chaise se révélèrent être un caleçon long d'homme, un pantalon de ski, une veste d'homme en peau de mouton, une veste bleue en laine et un bonnet gris. Les poches de la veste étaient pleines de sable.

Une fois le tout emballé, étiqueté et chargé dans le 4 × 4 de Chris Northon, les enquêteurs quittèrent le lieu du crime, à 23 h 30. Ils laissaient derrière eux un policier en uniforme pour surveiller le périmètre délimité par les bandes jaunes. La nuit promettait d'être solitaire.

Chapitre 9

Après une agréable soirée au cinéma, Jeanne et Dick Northon se préparaient à se coucher quand on frappa à leur porte.
– Deux policiers se tenaient sur le seuil, se rappellera Jeanne. Ils m'ont dit : « Votre fils est mort. » Ma première pensée a été : un accident d'avion. C'était notre crainte depuis toujours. Mais ils ont répondu : « Non. » Alors j'ai pensé : accident de la route. « Et les enfants ? Les enfants n'ont rien ? » Ils m'ont rassurée pour les enfants. Mais pour Chris... Ah... ils m'ont dit : « Désolé, il a été tué par balle... par son épouse. » Je n'ai pas pleuré. Je n'ai songé qu'à prévenir ses sœurs, Mary et Sally. Je voulais prendre la voiture pour aller les trouver. Mais les policiers m'en ont empêchée. Ils nous ont conduits eux-mêmes.

Les Northon ne se remirent jamais de ce choc.

Sa seule et maigre consolation, Dick Northon finirait par la puiser dans les paroles de son fils Chris, qui lui avait confié un jour : « J'ai eu une vie formidable. Si je devais mourir aujourd'hui, je n'aurais pas l'impression d'être passé à côté de quoi que ce soit. »

Dick et Jeanne Northon n'avaient jamais douté qu'un jour ou l'autre Chris connaîtrait un bonheur conjugal égal au leur.

Après cinquante ans de mariage et quoique plusieurs fois grand-mère, Jeanne restait fraîche et mince : son visage ne trahissait pas les drames qui marquèrent sa vie, mais il émanait d'elle une espèce de fragilité, d'inquiétude permanente. L'horreur avait frappé les siens, et rien ne lui permettait plus d'avoir confiance en l'avenir.

Jusqu'à ce jour d'octobre 2000, les Northon avaient mené une existence ordinaire, tranquille, tout juste troublée par les soucis liés à l'éducation de trois enfants. Ils pensaient couler des jours heureux une fois arrivés à l'âge de la retraite.

Au moment de leur rencontre, Jeanne Stevenson et Dick Northon avaient peu de choses en commun, hormis une ascendance suédoise. La mère de Dick, abandonnée par son mari au plus fort de la Grande Dépression, avait élevé tant bien que mal ses deux enfants.

– Ma mère, déclarera Dick, avait réussi à garder la maison d'Oakland. Mais comme nous n'avions pas les moyens d'y habiter, elle la louait et nous logions dans un studio. Nous n'avons pas revu notre père pendant onze ans. Il est reparu quand j'avais quinze ans. Il m'a proposé de travailler un été pour lui. Je l'ai fait. J'ai appris la charpente sous sa direction. Il était chef de chantier.

En dépit de tout ce qu'elle avait enduré, la mère de Dick n'avait jamais dit de mal de son mari. Elle ne voulait pas que ses enfants détestent leur père.

Dick n'invita cependant pas son père à son mariage avec Jeanne. La famille de Jeanne était très chaleureuse et n'avait connu aucune des épreuves matérielles qui avaient ébranlé la sienne. Le père de Jeanne avait eu la chance de ne pas être obligé de fermer sa fabrique d'outils pendant la crise de 1929. Il avait ensuite contribué à la construction du pont du Golden Gate à San Francisco.

Le père de Jeanne acheta un ranch entouré d'un terrain planté de noyers. Comme Dick avait besoin d'argent pour payer ses études, il louait ses bras comme saisonnier en Californie ; c'est ainsi qu'il atterrit dans le ranch de Jeanne : pour gauler les noyers et ramasser les noix.

Cette première rencontre avec Jeanne fut décisive. Comme ils fréquentaient la même université, ils finirent par sortir ensemble puis se marier.

Dick souhaitant continuer ses études, Jeanne abandonna les siennes et se fit engager comme assistante dentaire. Dick, pour sa part, travaillait à mi-temps dans une station-service. Ensuite, il trouva un poste d'enseignant, dont il complétait le salaire en vendant des encyclopédies au porte-à-porte. Ils achetèrent à crédit une petite maison à Concord, en Californie. Ils rêvaient de fonder une famille. Mais il fallut six longues années à Jeanne pour tomber enceinte... quelques jours après avoir rempli un formulaire de demande d'adoption.

Chris fut l'enfant qu'on n'attendait plus ; il vit le jour à Oakland, le 12 septembre 1956. Mary naquit deux ans plus tard, et Sally un an après.

Au printemps 1968, Dick réussit à satisfaire son ambition la plus chère : il quitta l'enseignement et acheta un ranch de trente-deux hectares qu'il compléterait par un terrain de quinze hectares.

– À l'époque, 52 000 dollars, c'était beaucoup d'argent, fera observer Jeanne. On a emménagé à Bend avec trois chevaux, trois enfants, deux chiens et trois chats.

– On ne partait jamais en vacances, ajoutera Dick. Parfois je m'échappais en montagne avec Chris.

Toute la famille skiait, montait à cheval et pratiquait assidument l'escalade.

Pendant que Jeanne s'occupait du ranch, Dick reprit ses études. Il passait la semaine à l'université de l'Oregon, à Corvallis, et ne rentrait que le week-end, parfois moins souvent, l'hiver, quand la neige bloquait les routes. Une fois son diplôme en poche, Dick trouva un poste de professeur de sciences dans un lycée de Bend.

Chris était un adolescent très actif, un champion de rodéo ; il montait à cru chevaux comme taureaux. Il était scout. Il jouait au foot et faisait partie de l'équipe de son lycée. Dès l'âge de neuf ans, il avait cherché à gagner de l'argent de poche en faisant des petits boulots. Un voisin l'engagea pour poser des tuyaux d'irrigation dans ses champs.

D'un naturel travailleur, Chris était aussi casse-cou. Ce grand échalas blond n'avait peur de rien, et quelques fractures récoltées à la suite d'accidents de ski ou d'équitation ne l'avaient pas refroidi. Les yeux bleus pétillant de malice, il n'était jamais à court de blagues.

— Chris était loin d'être parfait, précisera Jeanne. Un jour, on a reçu un appel du principal de son lycée ; avec son copain Buck, ils avaient bouclé la porte de la salle des professeurs avant de déclencher l'alarme incendie. Quelle panique ! Quand j'ai prié Chris de m'expliquer pourquoi ils avaient fait une bêtise pareille, il m'a regardée avec un sourire : « Parce que je voulais voir leur tête quand ils sortiraient par la fenêtre. » Heureusement, la salle était au rez-de-chaussée.

Son espièglerie finissait toujours par mettre Chris, et ses parents, dans l'embarras, si bien que Jeanne le menaça de le changer de lycée. Il alla se cacher dans la grange et, quand elle le retrouva, il paraissait tellement penaud qu'elle ne put s'empêcher de rire. Mais Chris ne fut jamais impliqué dans une seule bagarre à l'école, rien chez lui ne trahissait de pulsions violentes.

Sa sœur Sally évoquera des souvenirs qui feront rétrospectivement frémir ses parents :

— On sortait le tracteur et on le mettait en première, puis on s'asseyait sur des luges rondes accrochées à l'arrière et on se laissait traîner sur toute la longueur du champ. Quand nos fesses brûlaient, Chris courait après le tracteur, sautait dessus par-derrière et grimpait sur le siège pour l'arrêter.

Quand la famille s'en allait skier, Sally et Chris prétendaient parfois préférer rester au ranch et en profitaient pour grimper sur le toit, comme en témoigne encore sa sœur :

— Chris était très fort pour se servir d'une corde de rappel. Je ne sais pas comment il parvenait à la coincer dans la cheminée. On escaladait la pente du toit jusqu'en haut ; de là, on avait l'impression de posséder le monde... Un jour, on a vu nos parents qui rentraient plus tôt que prévu. On est descendus aussi vite qu'on a pu. Mais on n'a pas eu le temps d'ôter la corde. Ils l'ont vue, et... Oh ! Leur colère a été mémorable...

Chris apprit également à Sally à faire du rodéo.

– Il a commencé à me montrer sur des béliers, ensuite on est passés aux veaux...

Il l'encouragea par ailleurs à monter les chevaux à cru.

– On sillonnait le ranch à toute allure, mais il ne m'est jamais rien arrivé de mal... Il veillait sur moi ; c'était mon grand frère.

Enfant terrible mais bon élève, frère attentionné et téméraire, grand lecteur avide de connaissances, pianiste autodidacte : Chris Northon était une énigme tant les traits marquants de sa personnalité semblaient contradictoires.

Chapitre 10

Une fois obtenu son diplôme de fin d'études secondaires en 1974, Chris n'avait d'autre ambition que de voyager. La fac ne le tentait pas le moins du monde. Seuls l'intéressaient la voile, la plongée, la montagne, le tennis... Il s'installa à Monterey, où il vécut de petits boulots et sortit avec plusieurs jeunes filles. Il partit pour un long voyage au Mexique avec des amis, dont il revint avec le désir de reprendre des études. Il s'inscrivit à l'université, en section musique où, à la stupéfaction de ses parents, il étudia le violon. Cela non plus ne dura pas longtemps.

C'est seulement à l'âge de vingt-quatre ans qu'il comprit qu'il voulait être pilote. Son père avait décroché sa licence à dix-sept ans et était fier d'avoir été pilote dans l'Air Force. En 1980, Chris se découvrit une passion encore plus grande que lui pour l'aviation.

Mais le chemin fut long. Chris commença par travailler au sol, à l'aéroport Roberts Field, de Redmond, à une vingtaine de kilomètres de Bend, où il s'occupait de l'entretien des appareils. Il aurait fait n'importe quoi pour payer ses leçons de vol. Son instructeur le regardait avec un sourire amusé replier son grand corps dans la carlingue des petits avions de tourisme. Mais cet élève était tellement avide d'apprendre qu'il lui était impossible de ne pas le prendre au sérieux.

Lorsque, au printemps 1980, Chris obtint sa licence de pilote, il appela aussitôt Jeanne et Dick :

– Venez à l'aéroport ! Je vous emmène faire un tour !
Ses parents furent ainsi ses premiers passagers.

Fin 1981, il empochait sa licence de pilote commercial et devenait lui-même instructeur. Pendant deux ans, il fit partie de l'équipe de l'école de pilotage de Roberts Field. Après quoi la compagnie de charters Resort Air lui confia des avions affrétés, au début de quelques places, puis de plus en plus gros. Les distances qu'il parcourait augmentaient elles aussi.

Il tomba amoureux d'une jolie fille, Anna Goodrich, hélas beaucoup plus jeune que lui : il avait vingt-cinq ans, et elle à peine seize, même si elle en paraissait davantage. Leur amour resta platonique, mais cette histoire laissa une marque indélébile en Chris, qui resta lié à la famille d'Anna. Quelques années plus tard, quand sa sœur Gina eut des problèmes conjugaux, il lui proposa de passer un moment auprès de lui à Hawaii. Chris invitait systématiquement tous ses amis qui avaient besoin de souffler un peu. Gina vécut ainsi avec Chris, Joe et Randy de mai à août 1988. Chris lui parlait souvent de sa profonde affection pour Anna.

– C'est désolant qu'Anna ait été si jeune quand ils se sont rencontrés, admettra Gina, parce qu'il aurait été parfait pour elle. C'était quelqu'un de tellement gentil ! Il collectionnait les conquêtes, en tout cas à l'époque où il m'a hébergée, mais il était toujours très tendre et très doux avec elles. Il plaçait sa mère sur un piédestal et traitait toutes les femmes avec respect.

Un an après cette déception sentimentale, Chris rencontra une jeune femme de son âge, Sharon Leighty, par l'intermédiaire de ses sœurs. Ils ne tardèrent pas à emménager ensemble. Leur liaison dura trois ans. Ils n'étaient pas faits l'un pour l'autre. Sharon Leighty voulait se marier, avoir des enfants ; lui n'était pas prêt. Il se montrait bien trop indépendant, trop jaloux de sa solitude.

En même temps, c'était un tendre, le seul homme que Sharon Leighty ait jamais vu donner libre cours à ses larmes.

Comme dans tous les couples, il survenait parfois des désaccords. Quand les enquêteurs interrogèrent Sharon sur les colères de Chris, elle les regarda, stupéfaite.

– Chris ne se mettait jamais en colère ! Il n'y avait aucune colère en lui.

– Vous a-t-il jamais frappée ?

– Jamais ! Chris ? Impossible ! C'est à peine s'il élevait la voix pendant nos discussions. Avec lui, il y avait toujours moyen de s'arranger. Je ne l'ai même jamais vu quitter une pièce en claquant la porte.

Chris et Sharon se séparèrent sans acrimonie.

– Je suis allée faire un tour d'Europe quand j'ai eu vingt-huit ans. Quand je suis rentrée, Chris était parti pour la Nouvelle-Zélande.

Chris projetait de passer six mois dans l'hémisphère Sud. Une fois là-bas, il fut engagé comme pilote à la South Pacific Island Airlines, aux îles Samoa. Il travailla pendant deux ans et demi pour cette compagnie de charters, jusqu'à ce qu'elle fasse faillite.

Chris, séduit par la vie sous les Tropiques, répugnait à retourner sur le continent. Il trouva un emploi de pilote, d'abord pour une minuscule compagnie hawaiienne, Princeville Air, qui assurait une liaison à la demande entre Kauai et Oahu. Hawaiian Airlines l'embaucha peu après. Il y fit la connaissance de Joe et de Randy. Les trois pilotes devinrent inséparables.

Ils louèrent une grande maison de bois sur la plage, où ils amenaient des amies et pouvaient jouer de la musique toute la nuit. Bref, ils menaient la vie de célibataires dont rêve la moitié de la population masculine. Quand ils rentraient chez eux, ils surfaient, faisaient de la voile, du kayak, et le reste du temps ils volaient au-dessus des nuages.

Si Chris songeait parfois au mariage, c'était sans conviction. Peut-être, un jour...

D'après son père, même si Chris frisait la quarantaine, « il préférait ne pas assumer la responsabilité de quelqu'un d'autre. Il avait assisté au naufrage du mariage de ses sœurs et presque tous ses amis étaient divorcés. Il m'a dit un jour : "Je me plais tellement tout seul ! J'aime pêcher, camper, chasser, faire du vélo, et quand je ne suis pas de service, je suis toujours au grand air" ».

À entendre son grand ami pilote, Joe, « Chris était un boy-scout plutôt qu'un homme à femmes. Il était toujours prêt à tout risquer pour sortir les copains de la panade ». Lorsqu'un problème de dos cloua Randy Ore au lit, Chris laissa tout tomber pour s'occuper de lui.

– Et puis il éprouvait ses limites en permanence. Il avait la trempe de ces fous qui se lancent à l'assaut de l'Everest.

Pendant la guerre du Golfe de 1991, il fut sélectionné pour faire partie de la flotte aérienne de la réserve civile, la CRAF. Ces avions de ligne ont des équipements spéciaux pouvant être utilisés pour des opérations de transport militaire. Chris se retrouva ainsi aux commandes d'un DC-8.

Il stationna d'abord sur l'île de Guam puis à la base aéronavale de Cubi Point aux Philippines ; il fut ensuite transféré en Sicile, en Grèce, au Maroc et à Diego Garcia, une île de l'océan Indien servant de base militaire aux États-Unis. Dans tous ces lieux, les équipages passaient un mois, deux mois, sans rien d'autre à faire pour tuer le temps entre deux missions que de traîner dans le port et de visiter les sites touristiques. Chris était enchanté. Lui qui avait tant rêvé de voyages et d'aventures, il adorait ces nouvelles contrées.

Est-ce pendant une permission à Hawaii qu'il tomba amoureux pour la deuxième ou troisième fois de sa vie ? Elle s'appelait Charlene Makanani, et répondait au diminutif de Maka. À la voir, si simple et naturelle, une enfant du pays, on ne l'aurait pas crue la fille d'un officier de l'armée. Elle était très cultivée, charmante, bien élevée. Maka accusait six ans de plus que Chris, mais ce dernier s'en moquait.

Toujours selon Joe, « Maka fut peut-être celle qui fut la plus proche de Chris, celle qui aurait pu être son âme sœur ».

Tout le monde s'attendait à assister bientôt aux noces. Or Chris avait du mal à se défaire de ses habitudes de célibataire, et Maka se révéla de nature jalouse.

À la même époque, Chris, le risque-tout, le pilote audacieux qui s'était tiré des pires situations, qui avait survolé l'Irak en pleine guerre, fut, par une ironie du sort, victime d'un accident de la route à Los Angeles. Le minibus qui le ramenait de l'hôtel à l'aéroport en compagnie de plusieurs autres pilotes et membres d'équipage fit un ou deux tonneaux. Les secouristes le crurent gravement atteint, car il sortit du véhicule couvert de sang. En réalité, il avait aidé le chauffeur à se dégager, et c'était le sang de ce malheureux qui maculait sa peau et ses vêtements. Lui n'avait qu'un doigt cassé. Sa tête avait été violemment projetée en avant puis en arrière, et il souffrait du classique mais très douloureux « coup du lapin ». À long terme, ces douleurs devinrent chroniques. Il reçut de la part des assurances une indemnité d'un montant de 10 000 dollars, mais il aurait préféré pouvoir tourner la tête sans devoir réprimer une grimace.

Cela n'assombrit pas sa bonne humeur. Et c'est de son sourire que les gens se souviennent avec le plus d'acuité. Où qu'il allât, Chris semblait respirer la joie de vivre.

Chapitre 11

Joe Wilson épousa Maggie et partit vivre avec elle à New York. De passage à Hawaii pour un court séjour, quelle ne fut pas sa stupéfaction de trouver son ami Chris sur le point d'épouser Liysa !

Avant son départ, il avait bien entendu remarqué qu'ils s'étaient rapprochés mais, les préparatifs de son déménagement l'ayant accaparé, le couple avait sans doute trompé sa vigilance :

– Les voilà qui s'échangeaient des bouquins, sortaient surfer ensemble, se régalaient de poissons grillés sur la plage. Mais elle était encore mariée, et Chris semblait presque gêné d'avouer qu'il couchait avec elle. C'en était comique. Il cherchait par tous les moyens à nous démontrer qu'il n'avait aucune intention d'aller vivre avec cette fille...

Chris confia à Joe que Liysa avait exigé qu'il lui présente un certificat prouvant qu'il n'était atteint d'aucune maladie vénérienne. Malgré son appétit sexuel, elle se refusait à lui tant qu'il n'aurait pas subi les tests médicaux. Il obtempéra.

– Il finit par se construire un bungalow au fond du jardin de Liysa, se rappellera Joe. Mieux que ça, en fait. Il a demandé un crédit de 30 000 dollars. Un cabanon super luxe.

Chris entreprit de rénover de ses propres mains une maison sur pilotis branlante, derrière la demeure de Liysa. Perfectionniste de nature, il voulait que tout soit impeccable. Le résultat fut peut-être la plus jolie bâtisse de la rue, où la plupart des constructions dataient des années quarante.

À force de noircir les pages de son journal intime, Liysa aiguisait sa plume et avait à présent acquis assez de savoir-faire pour se prétendre promise à une carrière d'écrivain ou de scénariste. Elle gardait dans ses cartons plusieurs scénarios. Nick, qui les avait lus, les jugeait plutôt bons. Le premier était une saga qui se passait sur l'île aux lépreux d'Hawaii, Molokaï ; le second avait pour thème la plongée sous-marine.
D'après Nick, une maison de production avait en outre commandité une comédie romantique à Liysa, mais le projet de film ne se concrétisa pas. Lorsqu'il refusa à sa femme l'achat du ranch de ses rêves, il lui suggéra d'essayer de vendre sa prose pour gagner de l'argent. Elle lui répliqua d'un ton catégorique :
– Pas tout de suite, mais un jour viendra, j'en suis sûre !

Jusqu'en 1995, Nick resta persuadé que son mariage était solide.
– Je n'imaginais pas que nous pourrions nous séparer un jour, témoignera-t-il. Notre couple s'est désagrégé petit à petit. Elle s'en est rendu compte avant moi, voilà tout.
Nick était prêt à tout pour sauver leur union. Si elle souhaitait davantage de liberté, pourquoi pas ? Seulement, ils ne trouvaient désormais plus rien à se dire. Un an avant que Liysa rencontre Chris, Nick et elle faisaient déjà chambre à part.
Dès l'achat de la maison sur Lanipo Street, auquel il avait consenti à contrecœur, Nick s'envola pour Tahiti où il devait rester quelques mois. À son retour, Liysa vivait pratiquement avec Chris Northon et il n'eut plus qu'à constater le naufrage. Nick n'essaya pas d'imposer sa présence à Liysa.

Lanipo Street concentrait à la fois le passé, le présent et l'avenir de Liysa.
Elle avait pour voisine la plus proche Jane Sands, la mère de Tim. Si Jane aimait beaucoup Chris, elle se méfiait de Liysa

comme de la peste : elle lui en voulait d'avoir brisé le cœur de son fils. Après cette rupture, Tim était parti terminer ses études dans le Colorado puis avait rejoint son père à Singapour, où il était devenu gérant d'un hôtel.

Tim et Nick se connaissaient bien, pour avoir fréquenté ensemble le lycée de Punaho. Il n'existait aucune animosité entre eux. Ils ne savaient que trop l'un et l'autre combien les crises de nerfs et les caprices de Liysa se révélaient épuisants à la longue. Les deux hommes rencontrèrent Chris. Tim fut même tenté de le mettre en garde contre les manigances de Liysa. Mais il s'en abstint. De toute façon, Chris aurait sans doute fait la sourde oreille. Chris passait tout à Liysa. Il avait même accepté de lui verser un loyer mensuel de 1 000 dollars pour la cabane qu'il était en train de rénover à ses propres frais !

Naturellement, et l'on comprend pourquoi, Nick éprouvait moins de sympathie pour Chris. Il était marié depuis dix ans à Liysa, et ils avaient un fils. Même si Nick ne rendait pas le pilote responsable de la séparation, il ne pouvait s'empêcher de garder ses distances. Liysa semblait pressée de régler les formalités du divorce. Nick ne traîna pas, pour le plus grand bonheur de Liysa, impatiente d'en finir avec son deuxième mariage pour hâter le troisième :

– Liysa lui a mis le grappin dessus, m'expliquera Joe Wilson d'un ton plein de regrets. Je ne sais pas comment elle a réussi à persuader si vite Chris de l'épouser.

Joe, qui était plutôt de nature grégaire et bon enfant et qui, jusqu'alors, avait toujours estimé les amies de Chris, n'arrivait pas à accrocher avec Liysa :

– Elle ne m'était pas sympathique. Rien de concret. Elle n'avait rien d'extraordinaire et surtout elle ne convenait pas à Chris. Elle et moi, on n'avait aucun atome crochu.

Son instinct lui soufflait que cette liaison conduirait son ami au désastre. Ce n'était cependant pas l'avis de l'autre collègue de Chris, Randy Ore.

– Je n'étais pas le seul à penser qu'elle était la femme parfaite pour Chris. Elle était chaleureuse, jolie, pétillante de vie, drôle. Elle était sportive et vraiment très cool.

À Kailua, Chris avait un autre excellent ami, un collègue de la Hawaiian Airlines dénommé Dave Story, qui avait pour particularité d'être ministre du culte de l'Universal Life Church. À ce titre, il avait célébré le mariage d'une vingtaine de couples.

Copilotes depuis 1993, Chris et Dave étaient unis comme les doigts de la main au sein de cette communauté unique que constituent les pilotes. Les deux amis commandaient de conserve le vol 25 de Portland à Honolulu. Le parcours leur était si familier qu'ils auraient pu l'effectuer les yeux fermés. Le ciel était en général d'un bleu velouté, pommelé de petits nuages blancs. À 15 000 pieds en contrebas, les eaux du Pacifique scintillaient sous le soleil. Dès qu'ils apercevaient les sommets des volcans Mauna Kea et Mauna Loa à l'extrémité de l'aile bâbord, leur cœur battait un peu plus vite. Bientôt surgirait la grande île d'Hawaii. À trois cents kilomètres d'Honolulu, s'élevaient, majestueux, les volcans de Maui.

Chris ne se lassait pas de la beauté grandiose de ce paysage. À cent cinquante kilomètres de l'aérodrome d'Honolulu, l'île de Molokaï, qui abritait encore une colonie de lépreux, montrait ses spectaculaires falaises. Le vol 25 arrivait à destination.

Ils perdaient lentement de l'altitude. La baie de Kaneohe, où jadis Chris, Joe et Randy louaient une maison de plage, filait sous la carlingue. Au loin se dessinait le cap de Makapuu. La voix de l'aiguilleur grésillait dans la radio :

– Hawaiian 25. Restez à 2 500 pieds jusqu'au rivage et alignez-vous au-dessus de la piste 8. Au signal, vous vous posez sur la 8... On vous attend à la porte 31.

– *Roger.*

Chris et Dave jetaient leur sac de voyage sur l'épaule : ils étaient arrivés ! À eux les grosses vagues et le sable fin des plages d'Hawaii. La vie sur les huit îles était pour eux une constante source de joie. Ils aimaient aussi se retrouver pour disputer une partie de tennis au club de Kailua – une des seules extravagances de Chris. On se serait cru dans un décor de cinéma. Au milieu d'une jungle de palmiers et de fleurs tropicales, une dizaine de courts où s'entraînaient de jeunes championnes de l'université d'Hawaii, disposées à donner des leçons, à la demande. Chris y était chez lui, au même titre que le fils de Dave, un joueur hors pair qui défendait les couleurs de son lycée dans quantité de compétitions et dont les prouesses à la raquette devaient lui valoir une bourse délivrée par la prestigieuse Northwestern University de Chicago.

Dave, de six ans l'aîné de Chris et de constitution moins solide, était au tennis un adversaire plein d'humour et toujours fair-play. Les deux hommes partageaient en outre d'autres loisirs. Ils surfaient, faisaient du kayak. L'endurance de Chris dans toutes ces activités forçait l'admiration de Dave, qui peinait à suivre ce rythme avec autant d'aisance que son ami.

Chris présenta Liysa à Dave et à sa femme Debbie, qui s'entendirent à merveille avec elle. Pendant les six premiers mois, Liysa se montra charmante avec les Story. Chris citait en exemple l'harmonie qui régnait dans cette famille, et Liysa mesurait l'attachement qu'il avait pour eux. Ensuite, ce fut une tout autre histoire...

– On peut dire qu'elle a tout fait pour nous gagner à sa cause, sachant à quel point Chris nous était cher. Mais une fois certaine des sentiments de Chris à son égard, elle a complètement changé d'attitude avec nous.

Les revenus de Liysa oscillaient entre 5 000 et 12 000 dollars par mois ; cela lui conférait une indépendance financière que Chris appréciait. Cette autonomie apparente allait avoir raison des dernières résistances de Chris, et Dave fut bientôt certain que son ami était à deux doigts de succomber aux sirènes du mariage.

Peu à peu, tous les prétextes furent bons pour que Liysa évite de rendre visite aux Story. Dave ne voyait Liysa que les jours où il raccompagnait Chris après une partie de tennis. Pendant que ce dernier rangeait ses affaires, il lui tenait compagnie au salon. Mais quelque chose dans l'attitude de Liysa le dérangeait.

– C'est difficile à définir. Elle était gentille, mais, comme je le disais à ma femme, j'avais la désagréable impression qu'elle restait en retrait. Elle se moquait de ma présence ou de ma compagnie.

Des femmes battues ou victimes de harcèlement psychologique, Dave en avait connues, mais Liysa ne correspondait pas à leur profil. Elle n'avait rien de craintif, jamais elle n'hésitait à exprimer un point de vue devant Chris. Elle débordait d'assurance.

Les parents de Chris connurent une expérience analogue à celle des Story.

À l'époque, ils habitaient un ranch dont ils avaient dessiné les plans, près des chutes de Tumalo, non loin du terrain sur lequel Nick et Liysa avaient spéculé. Chris et ses parents avaient pris l'habitude d'échanger leurs maisons – et leurs voitures – pour de courtes périodes de vacances. Alors qu'elle séjournait chez son fils à Kailua, Jeanne répondit un jour à la porte et se trouva nez à nez avec une jeune femme ravissante.

– Vous ressemblez comme deux gouttes d'eau à ma fille Sally ! s'exclama-t-elle.

C'était Liysa. De ce jour, celle-ci fut aux petits soins pour les Northon. Ils tombèrent sous le charme de l'amie de leur fils, douce, intelligente, et se prirent aussitôt de tendresse pour son petit garçon.

Si l'on se fie à l'avis de personnes qui ne l'aimaient guère, Liysa aurait jeté son dévolu sur Chris Northon pour une bonne raison : Elle pensait qu'il lui permettrait de grimper un peu plus haut dans l'échelle sociale. Nick était certes une célébrité locale, mais il ne croyait plus à ses ambitions, il ne croyait plus en elle...

Peut-être avait-elle été un peu trop éblouie par le titre de pilote de Chris. Peut-être le croyait-elle promis à une brillante carrière. Après tout, il n'était que pilote de ligne dans une petite compagnie d'aviation. Au fond, un simple employé... Peut-être aussi l'avait-il écoutée avec une attention passionnée quand elle lui avait parlé de son projet de centre de cure. Peut-être, de son côté, Liysa ne s'était-elle pas rendu compte que la bienveillance de Chris lui était non seulement naturelle mais que, dans ce cas précis, elle lui était aussi inspirée par l'amour.

Car le problème le plus grave pour Liysa, c'était son incapacité à distinguer la réalité du rêve.

Quant aux aptitudes sexuelles de Chris, celui-ci buvait comme du petit-lait toutes les flatteries qu'elle déversait dans son oreille.

Liysa avait certes séduit Chris, mais personne n'osa prétendre qu'il n'était pas consentant. Restait à le convaincre de prendre un engagement à long terme ou d'accepter de se marier. La partie n'était pas gagnée. Chris tenait à sa liberté et à sa solitude : Liysa préféra l'ignorer.

Elle le bombarda de longs billets doux, habilement tournés, le cajolant et le culpabilisant tour à tour, utilisant toutes les ressources de son style. Tantôt ardente, tantôt lasse, Liysa savait distiller dans les mots les sentiments les plus subtils.

À la même époque, elle écrivit à Nick des lettres sèches, dépourvues de tout sentimentalisme, dans lesquelles elle détaillait ses souhaits en matière de pension alimentaire et de division des biens. Elle fit une remarque pour le moins énigmatique : « À toi de convaincre tes parents de rester gentils avec moi. Il faut qu'ils se rendent compte que c'est dans leur intérêt, puisque j'ai la garde de Papako, mais tu sais comment ils sont quelquefois... »

Papako, le cher Papako, était un pion essentiel dans la stratégie de Liysa. Elle estimait que le coût de son éducation devait être partagé équitablement, mais que la part de l'un ou de l'autre pouvait varier en fonction de leurs revenus respectifs. Elle accordait volontiers un droit de visite à son ex-mari, mais non pas à ses parents hors de la présence de Nick. Toutefois, ils devaient rester garants de leurs dettes au cas où ils ne pourraient honorer les crédits contractés pour l'agrandissement de leur patrimoine immobilier. Si Liysa n'avait pas les moyens de payer sa part, Nick devait assurer le relais.

Elle dressa une liste de leurs propriétés :
MAISON LANIKAI : Liysa
APPARTEMENT MAKAHA : Liysa

Maison Paauilo : Nick
Terrain Bend : Liysa
Terrain Volcan : Liysa
Terrain Waikii (à vendre, somme à partager)...

Elle proposait de diviser le matériel photographique en deux parts, elle conservait les droits de ses propres photographies et les pleins pouvoirs pour négocier ses propres commandes. De plus, elle souhaitait garder les droits de leur livre sur la baie d'Hanauma... et espérait qu'ils pourraient « collaborer sur un nouveau projet ».

La pension alimentaire ? Si les droits de ses photographies ne lui rapportaient pas 4 000 dollars par mois, il devait compléter la somme et, en outre, lui verser 600 dollars de pension alimentaire pour Papako et respecter les horaires pour le droit de visite. Au cas où Nick viendrait à disparaître, il devrait faire verser 100 000 dollars à Papako. Nick n'y trouva rien à redire : il adorait son fils.

Le 16 février 1996, Liysa, enfin libre, pouvait se remarier. Mais ce mois de février était-il propice à de nouvelles amours ? Fallait-il voir dans le divorce de Lady Di et du prince Charles un mauvais présage ?

Première déconvenue pour Liysa : Chris n'avait plus l'air aussi pressé de lui passer la bague au doigt. Il demandait un temps de réflexion... Comme si le nouveau statut de célibataire de la jeune femme l'effrayait.

Elle l'avait persuadé sans difficulté d'aménager la cabane au fond du jardin : cette proposition arrivait à point nommé, alors que les colocataires de Chris convolaient chacun de leur côté. S'il passait beaucoup de temps avec elle, sans pour autant s'être installé chez la jeune femme, il rechignait manifestement à s'unir à elle. Son obstination stupéfiait Liysa. Depuis Makimo, aucun homme ne lui avait tenu tête.

Ce mariage comblait ses besoins pratiques et romantiques : avec Chris à ses côtés, elle pensait pouvoir acheter le ranch de ses rêves, et le poste de pilote à Hawaiian Airlines lui assurerait la gratuité des vols vers le continent et ailleurs.

Dans une lettre qu'elle écrivit à Chris après une rupture temporaire, elle ne fit pas mystère de ses calculs :

« Si tu crois que "voler gratis" ne représente pas un intérêt financier certain, eh bien, tu te trompes ! Tu ne peux pas savoir comme c'est précieux à mes yeux. Pouvoir t'accompagner à Maui en vol de nuit, passer le week-end sur une autre île, rendre visite à mes parents, skier en avril, me rendre pour une prise de vues à Tahiti... Quel bénéfice cela représenterait pour mes affaires ! »

La dispute fut de courte durée : Chris était bien trop amoureux. Liysa avait un côté Schéhérazade. Dans son journal intime, elle s'imaginait retenant un homme captif en déployant des plaisirs d'une telle intensité qu'il devenait son esclave ; celui-ci se gardait bien de la mécontenter, par crainte d'être privé d'une extase sans pareille.

Cela dit, Chris n'était pas dupe : tout en reconnaissant qu'il avait rarement eu des rapports sexuels aussi excitants, il avait conscience d'un certain manque de tendresse chez Liysa. Pourtant, elle avait beau ne pas être aussi affectueuse que ses anciennes compagnes, il finit par s'avouer vaincu. Un soir, enfin, il décida d'annoncer à Joe et Maggie que sa relation avec Liysa était durable.

Les deux couples dînaient dans un bistrot de Kailua-Town. Maggie, toujours chaleureuse, s'ingénia à discuter avec Liysa, mais Joe resta sur ses gardes. « Cette femme, se dit-il, ne correspond pas à Chris. Elle est peut-être jolie et intelligente, mais indifférente à autrui. En plus, sa garde-robe se résume à une collection de Bikini et de paréos. Elle n'a même pas l'air de posséder de chaussures ! D'ailleurs, ce soir-là, elle était encore pieds nus. »

Chris s'était toujours senti attiré par des femmes coquettes, élégantes. Joe s'étonnait qu'il ne s'offusque pas de la désinvolture de Liysa. Ah, l'amour...

À ce sujet, Liysa les fit se tordre de rire en leur racontant qu'un jour elle avait voulu embarquer à bord d'un vol de la Hawaiian Airlines et que l'équipage l'en avait empêchée au motif – tout à fait sérieux, puisqu'il s'agit d'une loi fédérale – qu'elle ne portait pas de chaussures.

Liysa leur expliqua qu'elle avait trouvé une solution : elle s'était enfermée dans les toilettes pour dessiner des tongs sur ses pieds enduits de poussière. Sur ce, elle s'était de nouveau présentée à la porte d'embarquement.

Cette fois, on l'avait laissée monter à bord de l'appareil.

Chapitre 12

En 1995, Liysa fit une fausse couche. Comme elle faisait chambre à part avec Nick depuis des mois, il était évident que l'enfant était de Chris.

D'ailleurs, Chris avait confié à son ami Joe Wilson que Liysa attendait une fille et qu'ils allaient la baptiser Mikala. Cette grossesse non concertée ne l'enchantait guère, mais il en prenait son parti. Liysa lui avait pourtant appris que la naissance de Papako ayant été compliquée, il n'était pas sûr qu'elle puisse avoir un deuxième enfant. Il l'avait crue et n'avait pas pris les précautions qui s'imposaient.

Quelques mois avant la date de l'accouchement, Liysa prit l'avion pour Seattle. La grossesse s'était « compliquée ». À son retour, elle avait le ventre plat.

Avait-elle accouché et abandonné son enfant ? Cela ressemblait peu à Liysa, qui avait prouvé avec Papako qu'elle avait la fibre maternelle. Et puis Chris ne l'aurait jamais abandonnée ! Il l'aurait épousée, à coup sûr ! Personne ne saura jamais ce qui s'était passé. Chris confia cependant à Maggie Wilson qu'à son avis le bébé était mort dans le ventre de Liysa à Hawaii ; Liysa avait consulté un médecin de l'île qui le lui avait confirmé.

Toujours est-il qu'elle s'accorda un séjour de plusieurs semaines à Seattle. Chris l'y rejoignit et la retrouva dans une maison de repos, folle de rage.

À son ami Joe Wilson, Chris avoua que Liysa avait perdu un bébé pendant qu'ils jouaient au tennis. Joe répliqua, non sans maladresse :

— Tu l'as échappé belle !

À ces mots, Chris détourna le regard. Il n'était pas du genre à fuir ses responsabilités. Il n'était animé que de bonnes intentions. Au lieu d'éloigner les deux amants, ce drame parut les rapprocher. Ils demandèrent une licence de mariage, qu'ils n'utilisèrent pas. Toutefois, Chris n'oubliait pas la promesse faite à Liysa, à Seattle : lui donner un autre enfant. À Maggie, Chris expliqua qu'il n'y comptait guère, qu'il avait cédé pour calmer la jeune femme en pleine crise de nerfs. D'ailleurs, voulait-elle vraiment un autre enfant après une telle épreuve ? Du cancer du col de l'utérus de Liysa, Chris ne parla jamais : savait-il seulement qu'elle avait subi une intervention pour extraire, selon elle, une tumeur maligne ?

Chris emmena Liysa à Bend et la présenta à ses amis Arne et Carrie Arnesen. Le couple la jugea très sympathique.

— Elle avait l'air super, se remémorait Arne. Elle voulait acheter une ferme ou un ranch et on l'a promenée un peu dans la région. C'était une femme intéressante, une voyageuse, un jour à Hawaii, l'autre à Tahiti ou ailleurs. Elle était toute bronzée et il n'y a pas eu de Bikini plus mignon dans notre jacuzzi. Un sourire radieux et des cheveux blonds rehaussaient son bronzage.

Carrie ne partageait pas l'enthousiasme de son mari et jugeait agaçant d'entendre Liysa raconter en détail la merveilleuse entente sexuelle dont elle jouissait avec Chris. Liysa lui confia qu'elle en voulait à Chris quand il était trop fatigué pour faire l'amour.

D'après Carrie, Liysa disait « avoir besoin de faire l'amour tous les jours ».

Les amis de Chris s'étonnaient autant du tour pris par cette liaison que de le voir renoncer à sa vie de célibataire endurci. Un jour, au club de tennis, un camarade de Tim Sands, un certain Pete Kneer, aborda Dave Story pour le mettre en garde.

— Cette Liysa est un poison, lui dit-il. Il faut que Chris le sache. Une fois, elle est allée trouver une sorcière pour jeter un sort à quelqu'un qui ne lui revenait pas.

Il le mit aussi au courant de l'épisode de la fausse amnésie.

Dave, toutefois, savait que cela ne servirait à rien d'avertir Chris : il n'en faisait qu'à sa tête. Et pour le moment, Liysa et lui semblaient filer le parfait amour.

Toutefois, Chris n'était pas prêt à changer ses habitudes. Quand il rentrait d'un vol, perclus de courbatures après de longues heures passées recroquevillé dans le cockpit, il ne pensait qu'à une chose : aller surfer sur les rouleaux d'Hawaii ou bien, à Bend, parcourir la campagne à vélo. Il téléphonait alors avant même d'atterrir, selon qu'il se posait à Kailua ou à Portland, à Dave Story ou à Arne Arnesen, en disant : « T'es en forme, mon pote ? »

— Je ne lui ai jamais dit non quand il me proposait une virée à bicyclette, témoignera Arne. On pédalait pendant deux ou trois heures, et en général on se perdait sur de petits chemins parce que Chris avait l'esprit aventureux.

Liysa avait du mal à accepter cette nécessité que Chris ressentait de se dégourdir les jambes après un voyage. Elle s'attendait qu'il vienne la retrouver dès qu'il avait posé son appareil.

Il fallut à Liysa plusieurs semaines et bien des lettres pour forcer Chris à capituler. À contrecœur, il accepta de signer les papiers de mariage.

« L'essentiel, écrivit, entre autres, Liysa, c'est que tu aies vraiment envie de m'épouser, au moins autant qu'il y a quelques semaines. »

Elle disait admettre qu'il n'accordât pas à ce mariage autant d'importance qu'elle, mais elle le suppliait de lui demander sa main : ne lui avait-il pas déclaré un soir qu'il faudrait le pousser dans ses retranchements pour l'amener à dire oui ?

Pourquoi avait-il changé d'avis ? Elle l'accusa d'avoir « fait joujou » avec les femmes qui l'avaient précédée dans sa vie et de les avoir laissées tomber dès qu'elles exigeaient un engagement de sa part. C'était maintenant le moment, disait-elle, de savoir ce qu'il voulait. Elle griffonna ces mots au bas d'une page : « Je suis persuadée que nous vieillirons ensemble. »

Plus loin, elle allait jusqu'à lui proposer un arrangement : deux mois de cohabitation « à l'essai ». Si cette expérience n'était pas concluante, elle mettrait elle-même un terme à leur histoire.

Les missives de Liysa alternaient entre lyrisme sentimental (« Je te vouerai un amour éternel ») et considérations pratiques (« J'ai besoin de billets d'avion gratuits »).

En conclusion, Liysa défendait à Chris de lui mentir. « Je t'aime. Je suis convaincue que je suis celle qu'il te faut, mais j'ai besoin d'être sûre de ton amour, de ton respect, de ton honnêteté et de ta fidélité. »

Cette dernière missive, Chris, pour des raisons restées obscures, la déposa dans un coffre à la banque, où elle resta cinq ans. Ce fut la seule chose qu'on y retrouva, avec un certificat d'excellence accordé par la Hawaiian Airlines.

Les lettres qu'elle lui envoyait étaient calquées sur la correspondance adressée à Kevin, mais cela, Chris l'ignorait. Elle lui brossait un tableau idyllique de leur avenir : « Je veux une petite maison sur la côte de l'Oregon ou au bord d'une rivière, une maison avec une cheminée et un piano pour que tu puisses jouer. J'écrirai et tu liras, et nous ferons de longues randonnées à pied sous l'orage, et nous nous aimerons. Tout cela, je l'ai vu ! [...] Ou, si nous achetons un ranch, tu seras mon associé... ce serait si agréable et tout à fait envisageable, en dépit de ton côté "ours". Je sais qu'on peut se construire un nid d'amour. [...] Tu me remplis d'espoir en disant que tu considères tes parents comme le couple modèle. Je sais au fond de mon cœur que ta vie sera merveilleuse si tu m'en ouvres la porte. Je sais qu'entre nous palpite quelque chose qui nous attire l'un vers l'autre comme un aimant. Je sens que tes réticences ne sont pas sérieuses, compte tenu de l'alchimie qui soude nos êtres. »

Liysa ne jouait pas toujours sur la corde romantique. Elle disposait d'autres moyens de persuasion. Chris habitait désormais la cabane dans son jardin, qu'il surnommait son « nid d'aigle ». Elle décréta que s'il ne la demandait pas en mariage, il devrait chercher à se loger ailleurs.

Lorsque Chris rapporta cet ultimatum à Dave Story, ce dernier sursauta :

– Ce serait dommage, en effet, mais tu ne vas quand même pas te marier pour une location ?

Bien entendu, il y avait en jeu bien davantage. Liysa, à force de harceler Chris, avait réussi à le fléchir. Elle lui manquait quand il était loin d'elle. Ne lui avait-elle pas juré qu'elle n'exigerait pas qu'il modifie son mode de vie après le mariage ? Chris confia à Arne que Liysa acceptait les aléas de son métier ; elle resterait à la maison, tiendrait son ménage, s'occuperait de leurs enfants... s'ils en avaient.

Liysa et Chris établirent alors les termes d'un contrat de mariage : communauté de biens réduite aux acquêts, pas de division de biens en cas de divorce, à moins de les avoir achetés conjointement, pas de pension alimentaire. Toutefois, s'ils avaient un enfant, Liysa en aurait la garde et percevrait une pension d'éducation. Enfin, Liysa et Chris souscrirent chacun des assurances vie dont les bénéficiaires seraient leurs futurs enfants. Cet accord prénuptial paraissait classique, mais Chris regretterait amèrement plus tard de l'avoir signé. En ce temps-là, il ignorait encore qu'il porterait un amour fou à son enfant.

Chapitre 13

Au printemps 1996, Liysa venait d'obtenir son divorce. Dans la maison de Lanipo Street, la paix régnait, mais hélas pas l'ordre, au grand désespoir de Chris, qui espérait toutefois que les talents ménagers de la jeune femme se révéleraient avec le mariage. « Tout est si bien rangé chez toi ! », s'exclama un jour Chris en entrant chez les Story.

– Nous ne sommes pourtant pas maniaques et il y a toujours un peu de désordre, remarquera Dave. Mais chez Liysa, c'était le pire des capharnaüms. Il y en avait partout. Je sais que ça dérangeait Chris.

Confronté au fouillis de Liysa, Chris se contentait de battre en retraite et de se réfugier dans son « nid d'aigle ».

Entre septembre 1995 et août 1996, Chris et Liysa hébergèrent l'ancien colocataire de Chris, Randy Ore, dans un minuscule studio au rez-de-chaussée de la maison principale. À l'époque, Randy traversait une mauvaise passe. À la suite d'un conflit syndical portant sur les salaires des pilotes, la Hawaiian Airlines avait licencié les derniers arrivés, qui se retrouvaient sur la touche. Chris n'était pas du style à laisser tomber un ami.

Randy et Liysa sympathisèrent. Ils s'apitoyaient tous les deux beaucoup sur eux-mêmes, Liysa se plaignant que Chris refusait de l'épouser, et Randy qu'il restait sans emploi. Peu de temps après, il fut embauché par la Northwest et muté à Honolulu.

Désormais, Liysa et Chris fréquentaient les amis de ce dernier – passée leur stupeur initiale – à Hawaii et sur le continent. Conquis par cette jeune femme amusante, ils en vinrent à espérer que les centres d'intérêt communs entre Chris et elle suffiraient à contrebalancer leurs nombreuses différences.

Jalouse des anciennes compagnes de Chris, Liysa le surveillait de près chaque fois qu'il était en présence d'une jolie jeune femme. Mais Arne Arnesen ne s'y trompait pas :

– Elle ne le tenait pas seulement à l'écart de rivales potentielles. Elle cherchait à l'isoler de tout le monde, même de ses plus vieux copains.

Les premiers temps, Chris mit la possessivité de son amie sur le compte d'un cruel manque d'assurance, qui disparaîtrait dès qu'elle aurait des certitudes concernant leur avenir.

Liysa s'envola seule pour l'Oregon, où elle rendit visite aux parents Northon à qui elle apporta une bonne bouteille de vin. Dick et Jeanne l'invitèrent à rester dîner. Elle refusa, expliquant qu'elle avait réservé une chambre dans une auberge ; sur leur insistance, elle l'annula.

– Liysa était si affectueuse ! témoignera Jeanne. On s'est couchés tard ce soir-là, on avait tellement de choses à se dire ! Elle nous a paru encore plus sympathique que lors de notre première rencontre à Hawaii. Je me suis dit que j'avais de la chance d'avoir une future belle-fille aussi formidable.

Le 14 mars 1996, en sa qualité de ministre du culte, Dave Story joua dans la vie de Chris un rôle qu'il allait regretter jusqu'à la fin de ses jours.

– C'était un jeudi. Chris m'a téléphoné. Il ne se sentait pas bien, il avait un début de rhume. Et d'un ton dégagé, comme s'il venait d'y penser, il m'a annoncé que Liysa et lui songeaient à se marier... le soir même ! J'étais stupéfait. J'ai protesté en l'informant que je devais emmener ma fille à son entraînement de foot. Il a répliqué que ce n'était pas grave, qu'ils pouvaient se marier après, sur la plage.

Ensuite, Chris téléphona à Randy Ore. Ce dernier a gardé

un souvenir précis de ce coup de fil, tant la nouvelle le prit de court :

– Chris m'a appelé et m'a dit de rappliquer ; il allait épouser Liysa. Au début, j'ai cru à une blague. J'ai rétorqué : « Tu ne peux pas attendre demain ? » Mais Chris ne plaisantait pas. « Ne le dis surtout pas à Joe », a-t-il ajouté.

Randy jugea curieux qu'il se montre si cachottier avec son meilleur ami. Il ne comprit que bien plus tard : Chris avait trop peur que Joe le persuade de rester célibataire.

Cette précipitation avait pour origine l'impatience de Liysa : lorsque Chris lui avait enfin demandé sa main, elle avait voulu qu'ils se marient tout de suite, avant que l'un d'eux ne change d'avis...

Chris, Liysa et Randy descendirent à pied le sentier jusqu'à la plage où ils avaient rendez-vous avec Dave, lequel eut à peine le temps d'enfiler une chemise blanche.

Liysa portait un chemisier sans manches violet, un paréo et une guirlande de fleurs blanches autour du cou ; Chris une chemisette blanche, un pantalon de toile beige et une guirlande lui aussi. Randy Ore et Papako, quatre ans, furent les seuls témoins. Les jeunes mariés et le petit garçon ont l'air radieux sur les photos. Liysa avait été célibataire pendant vingt-six jours.

Chapitre 14

Dick et Jeanne Northon furent enchantés d'apprendre le mariage de leur fils.

– On aimait beaucoup Liysa, témoignera Jeanne. Elle se mettait en quatre pour nous. Nous étions ravis qu'elle fasse partie de la famille.

Les parents de Chris donnèrent une grande fête pour présenter leur bru à toutes leurs relations.

Chris rencontra à son tour le père de Liysa, qu'il trouva très sympathique. Wayland DeWitt avait pris sa retraite et vivait désormais dans une petite maison au bord du Pacifique, sur la côte de l'Oregon. Chris ne fit en revanche pas la connaissance de la mère, Sharon, qui s'était remariée au Texas.

Liysa et Chris ne quittèrent pas Lanipo Street. Tout allait bien, même si Chris avait un peu de mal avec Papako. Chris n'avait pas d'enfant, et Papako avait l'habitude d'accaparer l'attention de sa mère.

Randy Ore, qui logeait encore chez eux, se rappellera la maladresse de Chris avec son beau-fils. Il pensait que le petit lui obéirait immédiatement. Il ne se rendait pas compte que les enfants ne sont pas des modèles réduits d'adultes et perdait parfois patience. Alors Papako criait ou courait se réfugier auprès de Liysa. Mais Chris n'aurait jamais levé la main sur lui.

Liysa, qui s'enorgueillissait de la beauté de ses œuvres photographiques, espérait que Chris admirerait son travail, mais ce dernier ne s'y intéressait guère. Peut-être parce que la photo renvoyait à l'univers qu'elle avait partagé avec son ex-mari, le photographe Nick Mattson, et qu'ils étaient encore tous les deux plus ou moins « en affaires ». Et puis Chris n'était pas du style à se répandre en compliments. Il l'aimait, il l'avait épousée, quelles preuves supplémentaires voulait-elle ?

En dépit de ses promesses d'être une épouse aimante, qui s'occuperait de lui aussi bien que sa mère s'était occupée de son père, Liysa ne renonçait pas à ses ambitions. Au début, leur vie intime semblait toujours aussi passionnée. Dans son journal, Liysa n'en finissait pas de vanter les trouvailles érotiques de son nouvel époux. Elle en parlait à ses amies, et même à la mère de l'intéressé. Apparemment, Chris était le premier depuis Ray à la faire jouir aussi souvent et avec autant d'aisance.

Cela n'empêchait pas Liysa, devant des amis comme Arne et Carrie Arnesen, de se plaindre des mille et un défauts de Chris, et cela même avant leur mariage, à tel point que Carrie finit par lui dire :

— Si tant de choses chez lui te déplaisent, pourquoi veux-tu absolument l'épouser ?

À quoi Liysa avait rétorqué :

— Pour voyager à l'œil !

Carrie avait cru à une boutade.

Nick était lui aussi pessimiste quant à l'avenir du couple. À son avis, Liysa épousait Chris par dépit, et celui-ci ne lui paraissait pas le type d'homme à tenir ses engagements vis-à-vis d'une femme. Il voyait Chris deux fois par mois quand il venait chercher Papako. Il concédait que Chris se montrait toujours très courtois, mais ce sourire lui semblait un simple masque.

En fait, Chris et Liysa peinaient à établir l'harmonie dans leurs rapports quotidiens. Chris n'allait pas changer. De ses ancêtres scandinaves, il avait hérité une nature taciturne. Et puis il n'aimait ni les conflits ni les disputes. Dès qu'une discussion menaçait de s'envenimer, il s'éclipsait.

Elle vivait dans un doux rêve, lui les deux pieds sur terre. Leurs points de vue sur le monde n'auraient pu être plus opposés. Mais tous deux aimaient les vieux films, et les eaux bleues du Pacifique. Tous deux surfaient. Et puis il y avait Papako, qu'ils adoraient. Au début, Liysa accompagnait Chris à des soirées entre amis. Ils dînaient ensemble chez Dave et Debbie Story ou chez d'autres camarades pilotes de Chris. Et à Bend, ils voyaient Arne et Carrie Arnesen ainsi que John et Eva Gill.

Assez vite, toutefois, de gros nuages noirs s'amoncelèrent à l'horizon. Liysa n'avait jamais eu la fibre ménagère, et le mariage n'avait pas fait d'elle une fée du logis. Chris se résignait à regret à voir les lits toujours défaits, la vaisselle s'accumuler dans l'évier, des reliefs durcir sur les assiettes abandonnées ici et là, le sol jonché de vêtements et de papiers gras. Bref, leur intérieur était un dépotoir. Chris aurait aussi bien pu vivre dans une porcherie. Il n'invitait plus ses amis à venir dîner chez lui.

Au début, il essaya de ranger et de nettoyer en rentrant du travail, puis il engagea une femme de ménage une fois par semaine, dans l'espoir que Liysa se résoudrait à maintenir un semblant d'ordre. Mais rien n'y fit. Elle ne voyait même pas le désordre. Elle était tellement habitée par ses projets qu'elle considérait le ménage comme une perte de temps.

Liysa fut bientôt enceinte. Chris n'était pas mécontent. Son ami Joe Wilson venait d'être papa lui-même et son bonheur faisait plaisir à voir. Liysa renoua avec d'anciennes amies et se lia avec de nouvelles personnes : Kit Minton, dont le mari était aussi pilote à Honolulu ; Ellen Duveaux, sa camarade de lycée ; Marni Kelly, qu'elle avait revue à l'occasion de la réunion d'anciens élèves – Marni était avocate et mariée à un médecin de Walla Walla.

Une fois sa grossesse confirmée, Liysa se joignit de nouveau à un groupe de jeunes ou futures mamans. À la piscine où elles se retrouvaient, Liysa était le centre de l'attention. Elle menait une vie dont ces femmes n'osaient pas rêver. Photographe de surf, mariée à un pilote de ligne...

Cette grossesse se déroula sans accroc. Liysa habitait un lieu qui ressemblait fort au paradis. Elle nageait, se promenait sur les plus belles plages du monde, regardait Papako jouer, songeait au bébé à naître. Elle était entourée d'amies, et elle avait tout le temps de se consacrer à sa nouvelle ambition : vivre de sa plume. De temps à autre, elle acceptait une commande pour une prise de vue.

Ses carnets de l'époque décrivent la joie que lui procuraient le petit Papako, les couchers de soleil sur Hawaii et autres merveilles de la nature. Chris, pour sa part, en était presque absent. Depuis leur mariage, il avait disparu de ses pages. Elle confia à son journal combien elle était heureuse quand Chris partait travailler et qu'elle restait seule avec Papako.

À mesure que son ventre s'arrondissait, Liysa se sentait de moins en moins l'envie de ranger, ce que Chris pouvait comprendre. Il se réjouissait d'être bientôt papa.

Bjorn Northon vit le jour le 20 mai 1997 à l'issue d'un accouchement par césarienne. C'était un Chris miniature, un petit Suédois blond. Chris n'en revenait pas de ressentir d'emblée un tel attachement pour ce nouveau-né. Lui qui n'avait jamais vraiment souhaité avoir un jour un enfant, il était fou de joie.

Chris téléphona à tous ses proches pour leur annoncer la bonne nouvelle. Aux pilotes de service, il laissait un message sur répondeur. C'est ainsi que son vieux copain Dan Jones conserva la cassette de cet enregistrement : il n'avait jamais entendu Chris aussi heureux.

Chris aurait souhaité baptiser le bébé Hugo, comme son grand-père. Mais Liysa avait protesté. Ils avaient trouvé un compromis en optant pour Bjorn, en hommage à ses origines scandinaves. C'était aussi le prénom du fils d'un des meilleurs amis de Chris.

Les photographies de Chris, Liysa, Papako et Bjorn à la clinique montrent une famille unie et comblée.

Les parents de Chris sautèrent dans le premier avion pour Hawaii. Jeanne, apprenant que Sharon, la mère de Liysa, ne se déplaçait pas pour prêter main-forte à sa fille, supposa que sa présence serait la bienvenue. Quelle ne fut pas sa stupéfaction de se heurter à une franche hostilité de la part de sa belle-fille... Liysa avait été si gentille avec eux jusque-là... Jeanne ne la reconnaissait pas.

– Je me suis rendu compte que je n'aurais pas dû venir, cela avait été une erreur, admettra Jeanne. Liysa ne voulait pas de mon aide. En une semaine, je n'ai préparé qu'un repas et fait un peu de lessive. Chris était horrifié par la froideur de Liysa, mais c'était comme ça, inutile de se raconter des histoires.

Jugeant que sa belle-fille était peut-être atteinte de dépression post-natale, Jeanne, quoique meurtrie, lui pardonna. Ce n'était pas facile : une césarienne, un nourrisson, un petit garçon à élever... Elle espérait que tout s'arrangerait entre elles quand Liysa séjournerait à Bend avec Chris, Papako et le bébé.

Chapitre 15

Malgré tout l'amour qu'il éprouvait pour le petit Bjorn, Chris était déçu par son mariage avec Liysa. Elle lui avait promis monts et merveilles s'il lui permettait de partager sa vie, mais aucune de ses promesses ne semblait se concrétiser. Au contraire, il avait l'impression qu'elle lui en voulait de plus en plus, qu'elle était souvent en colère contre lui.

Il est vrai que Chris avait un côté ours. Une de ses grandes spécialités était d'esquiver les conflits. En cas de crise, il avait l'art de se replier sur lui-même. Ou, tout simplement, il s'en allait. Pourtant, elle avait été prévenue. Il lui avait dit bien avant le jour de leurs noces qu'il n'était qu'« un grand Suédois un peu bête ».

Randy Ore, qui habitait alors au rez-de-chaussée, déclarera lors de sa déposition qu'il les entendait parfois se disputer. Mais en général, seule la voix de Liysa se faisait entendre.

— Elle hurlait qu'il ne l'aidait pas assez avec les enfants et qu'elle en avait assez qu'il s'en aille skier ou surfer comme un célibataire.

Liysa était d'un tempérament lunatique, avec Chris du moins, car avec ses fils elle déployait des trésors de patience. Mais pour elle, la carrière de son mari n'avait aucune importance. Il aurait dû jouer les baby-sitters disponibles dès qu'elle était en prise de vues. À ses amies, Liysa se plaignait de ne jamais pouvoir compter sur lui.

Chris avait beau aimer les deux garçons, surtout Bjorn, qu'il adorait, il est exact qu'il n'était pas très fiable. Il savait donner un biberon et changer une couche, certes, mais s'ils partaient pique-niquer, par exemple, il était capable d'oublier d'emporter le biberon et la couche.

À en croire Liysa, durant les sorties en famille, Chris marchait loin devant eux en la laissant à la traîne avec les enfants. Des photographies de Chris transportant un Bjorn hilare dans son sac à dos semblent néanmoins démentir ces accusations.

Leurs vies étant encore liées à cause de Papako et du partage des responsabilités parentales, Nick Mattson servit parfois de confident à son ex-femme. Elle lui affirma que Chris l'avait frappée au début de sa grossesse, pendant l'hiver 1996.

– Je ne veux pas entendre parler de tes ennuis conjugaux, lui rétorqua-t-il. Restons-en à Papako, veux-tu ?

Liysa acquiesça avec un petit sourire. Elle avait sous la main quantité d'amies disposées à prêter une oreille attentive à ses doléances, notamment les mamans qu'elle retrouvait à la piscine. Devant ce cercle d'admiratrices, elle laissait tomber çà et là au cours de la conversation des allusions aux mauvais traitements que Chris lui faisait subir. Elle suscitait la commisération, parce qu'elle avait toujours l'air de chercher des excuses à son conjoint.

Randy Ore était parfois excédé par les récriminations de Liysa.

– Elle voulait se servir de moi pour manipuler Chris. On aurait dit une collégienne jouant à des petits jeux. Elle ne se comportait pas comme une adulte.

Mais dans l'ensemble, à son avis, Liysa et Chris s'entendaient plutôt bien. En tout cas, il n'avait jamais remarqué de bruit de bagarre.

Un jour de février 1997, Liysa arriva à la piscine avec un bleu sur le cou. Aux questions dont on l'assaillit, elle répondit qu'il s'agissait d'une réaction allergique à un médicament... En réalité, elle collectionnait les ecchymoses dès qu'elle montait sur sa planche de surf. Et l'hématome en question, selon l'une des jeunes femmes présentes, ressemblait en effet à un coup de planche.

La situation parut toutefois s'envenimer. Le 5 décembre 1997, alors que Bjorn avait à peine six mois, Liysa téléphona au poste de police de Honolulu. À l'officier qui se présenta aussitôt, Oliver Domingo, Liysa déclara que son mari et elle avaient eu une violente dispute, et qu'il était parti quelques minutes plus tôt.

Ce n'était pas la première fois que Liysa convoquait les forces de l'ordre. Un an auparavant, elle avait affirmé qu'on avait forcé sa voiture et volé sa carte de crédit, et un chèque que lui avait laissé Chris. Un autre jour, elle avait déposé une plainte pour vol de combinaison de plongée.

L'officier Domingo, déconcerté par cette femme survoltée qui s'exprimait néanmoins avec précision et clarté, indiqua dans son rapport qu'elle ne portait aucune trace de coup. « Dispute entre Liysa et Christopher Northon. Version de Liysa. Pas de violence physique pendant la dispute. Liysa ne se plaint d'aucune douleur. Christopher a déjà quitté les lieux à mon arrivée. »

Liysa souligna que son mari l'avait déjà maltraitée par le passé. Sa plainte fut enregistrée, mais aucune poursuite engagée.

Liysa était jalouse. Chris lui avait parlé de Maka, dont il avait été si épris quelques années plus tôt. Et Liysa voulait tout savoir des femmes qu'il avait aimées. Son intérêt pour le passé de Chris surpassait nettement la curiosité de celui-ci pour les frasques de sa femme.

Deux ans après son mariage, Chris apprit que Maka avait succombé à une tumeur au cerveau le 5 février 1998. Quoique accablé par cette disparition tragique, Chris s'abstint d'assister aux funérailles.

— Il était trop timide, fera observer Joe Wilson. Il ne voulait pas que les gens qui les avaient connus tous les deux, Maka et lui, le voient en train de pleurer. Personne ne se rendait compte à quel point Chris était émotif. Le jour de mon mariage, il s'était enfermé dans les toilettes de peur qu'on lui réclame un petit discours !

Liysa assista aux funérailles de Maka, sans Chris... alors qu'elle ne l'avait même pas connue de son vivant.

Après la naissance de Bjorn, Chris et Liysa passèrent presque la moitié de l'année dans la maison de Bend. Désormais chargé de famille, Chris prévoyait de nouveaux aménagements qui promettaient d'être onéreux. Il envisageait d'ajouter une terrasse de bois tout autour du bâtiment et d'abattre des cloisons à l'intérieur pour créer des pièces plus spacieuses. Il fabriqua une table spéciale pour sa « famille ». Il installa des jeux pour les enfants dans le jardin, et un jacuzzi avec stéréo incorporée. Pour alléger les tâches domestiques, il acheta de l'électroménager dernier cri. Il prévoyait la construction d'une dépendance...

Liysa, elle, réclamait des stores pour se cacher des voisins. Et pourquoi dépenser de l'argent inutilement en sommiers quand on dormait aussi bien sur des matelas à même le sol ?

Bientôt, le chaos envahit la maison de Bend, au même titre que celle de Kailua. Chris s'était résigné. Mais il était horriblement gêné quand il recevait ses amis ou ses parents.

Or Chris cultivait l'hospitalité. Sa porte était toujours restée ouverte à ses amis, jusqu'à ce que Liysa y mette le holà. Un jour, Gina Goodrich et son mari vinrent leur rendre visite à Bend. Chris les invita à dormir chez eux.

– C'était bizarre, témoignera Gina. Liysa était absente à notre arrivée, je me suis dit qu'elle devait être en voyage. Elle est revenue alors que nous dormions. Et quand nous nous sommes levés le matin, elle était déjà partie. Je pense qu'elle nous évitait.

Chris resta très proche de John Gill. Sa femme, Eva, qui était la douceur même, s'entendait bien avec Liysa. Toutes les deux adoraient s'occuper de leurs enfants.

Liysa se constitua vite un groupe d'amies à Bend en cherchant des personnes susceptibles de servir de précepteur à Papako, qu'elle n'avait pas inscrit à l'école, comme elle se l'était juré. Parmi ces femmes, il y avait leur voisine, Dee Branch, qui habitait en face de chez eux. D'après elle, Liysa s'était montrée radieuse jusqu'à ce que Bjorn ait environ six mois. Elle ne ménageait pas ses efforts pour donner à Papako la meilleure éducation qui soit, leçons de piano comprises.

Tout petit, Bjorn n'aimait rien tant que se promener à califourchon sur les épaules de son père. Il était le portrait craché de Chris. Même tignasse blonde, même peau claire, même sourire charmeur. Chris était ravi de garder les deux garçons lors des séjours de plus en plus fréquents de Liysa à Hawaii. Parfois, Papako rendait visite à son père, et il n'y avait que Bjorn à Bend. Durant ces périodes, Chris allait souvent chez ses parents.

Jeanne et Dick, qui avaient espéré profiter davantage de leur petit-fils une fois Liysa et Chris installés dans la région, durent ravaler leur déception.

– Liysa n'avait tout à coup plus le temps de nous voir, se rappellera Jeanne. Nous n'étions jamais invités chez eux. Chris passait nous rendre des petites visites, mais Liysa, jamais !

Un jour, Dick fit un saut à Bend pour voir les enfants en l'absence de Chris. Papako lui ouvrit la porte et lui affirma que sa mère n'était pas là.

– Je savais qu'elle se cachait quelque part dans la maison. Je l'avais aperçue à la fenêtre, se rappellera Dick.

Comme il n'y avait eu ni dispute, ni même de désaccord entre Liysa et eux, les Northon étaient à la fois perplexes et consternés. Certes, les relations d'une jeune femme avec ses beaux-parents sont souvent difficiles. Jeanne et Dick avaient constaté des tensions analogues entre des amis et leur bru. Mais ils avaient cru que Liysa leur accorderait sa confiance s'ils ne s'imposaient pas. Or leur discrétion ne leur valut aucun regain de faveur. Chris venait toujours les voir avec Papako et Bjorn. Mais il ne disait mot sur les raisons de l'absence de leur mère.

Était-ce une simple question de tempérament ? Jeanne Northon était tout l'opposé de sa belle-fille. Autant Liysa n'avait en tête que sa carrière, autant Jeanne aimait les arts ménagers, la cuisine, la couture, toutes choses que la jeune femme exécrait. Même si Jeanne était très sportive elle aussi, excellente skieuse, grande marcheuse, son physique frêle et doux, ses traits ciselés lui conféraient l'apparence d'une dame de l'ancien temps. « Vieux jeu », selon le verdict de Liysa.

Jeanne tâchait de garder son optimisme envers et contre tout. Malgré les provocations de Liysa, elle évitait tout accrochage. D'ailleurs, Liysa la surnommait la « reine du déni ».

Quant à Sally, la sœur de Chris, voici ce qu'elle retiendra de son premier contact avec Liysa :

– Nous étions dans le jacuzzi et j'avais l'impression de parler à un robot. Elle jouait la comédie. Elle ne cherchait pas à entrer en relation avec vous... Tout ce qui l'intéressait, c'était de quoi elle avait l'air dans son maillot.

Jadis, Liysa avait écrit à Chris qu'elle rêvait d'un mariage semblable à celui de ses parents. Cet argument avait dû le toucher au cœur, car c'est ce qu'il avait toujours désiré, cette entente, cette harmonie, des relations tout en douceur et subtilité. Le rideau s'était déchiré. En vérité, Jeanne était une femme des années cinquante ; autrement dit, elle appartenait à une époque où une épouse se pliait aux contraintes imposées par le métier de son mari et laissait ce dernier prendre les décisions. Liysa, quant à elle, n'avait pas la moindre intention de laisser à Chris les rênes de leur existence. Jamais de la vie ! Elle, une femme indépendante, dévorée par l'ambition... Paradoxalement, c'était son autonomie qui avait séduit Chris.

Car si Chris était déçu, Liysa l'était peut-être encore plus. Elle qui avait élevé Chris au rang des Ray, Kevin et Makimo, elle lui trouvait une froideur – affective et non sexuelle : sur ce plan tout allait toujours très bien – qui exacerbait son insécurité. Pourquoi ne la considérait-il pas comme quelqu'un de parfait ? Pourquoi ne faisait-il pas tout ce qu'elle lui demandait ? Pourquoi ne l'admirait-il pas davantage ?

Liysa était en quête de l'amour parfait, de l'amour sans condition, de l'amour qui n'exigerait rien d'elle et lui offrirait le monde sur un plateau d'argent.

Chapitre 16

Liysa écrivait sans cesse : ses carnets, des scénarios, un roman, des histoires pour enfants qu'elle inventait pour Papako.

Dans ses récits pour adultes, l'héroïne était toujours une femme aimante mais désespérée s'efforçant d'échapper à l'emprise d'un époux cruel. Parfois la femme était atteinte d'une maladie mortelle. Ailleurs, elle était sûre que son mari projetait de la tuer. Dans un de ses scénarios, l'horrible époux lui transmettait le virus du sida.

Son style était impeccable. Il ne lui manquait que la rigueur. Eût-elle réussi à canaliser ses idées et à rédiger un synopsis en bonne et due forme, sans doute aurait-elle décroché un contrat d'édition ou de cinéma. Toutefois, il émanait de ses écrits une angoisse sourde, révélatrice d'un esprit tortueux, qui aurait glacé d'effroi n'importe quel lecteur. La violence qui s'en dégageait était trop réelle et occultait toute autre impression.

Pendant longtemps, Liysa ne montra ses textes à personne. Ses journaux intimes, elle les cachait ; quant à ses scénarios, pas question de les faire lire avant de rencontrer quelqu'un de bien placé à Hollywood afin de l'aiguiller.

L'écriture n'avait pas évincé les autres rêves de Liysa, cramponnée à l'idée d'accroître son patrimoine immobilier et de convertir un vaste ranch en centre de cure. Maintenant qu'elle était mère de deux petits garçons magnifiques, elle pouvait se lancer sans arrière-pensée dans une carrière d'écrivain à succès ; cela l'aiderait à réaliser ses autres désirs.

Or Chris ne se voyait pas en cow-boy, même de luxe : il avait d'excellentes chances d'être promu commandant de bord à la Hawaiian Airlines, cela lui tenait bien plus à cœur que la perspective de diriger un spa New Age.

Bjorn avait un an quand Liysa éclata en sanglots, sous la douche, après un après-midi à la piscine de Kailua. Ses amies, affolées, l'entourèrent. En hoquetant, elle leur confia que Chris l'avait battue, expliqua qu'il l'avait frappée, lui avait donné des coups de pied et arraché des cheveux par poignées. Et que ce n'était pas la première fois.

Comme elle était nue, il fut facile à ses amies de constater de leurs propres yeux qu'elle avait un « assez gros bleu » dans le dos et qu'il lui manquait une touffe de cheveux à l'arrière de la tête.

En chœur, ses amies la supplièrent de quitter son mari. Elle leur affirma qu'il n'en était pas question. Les larmes mêlées au jet de la douche ruisselant sur son visage, elle murmura qu'il la terrifiait. Il la retrouverait où qu'elle aille. Elle avait bien contacté un refuge pour femmes battues, mais on lui avait dit qu'elle ne pourrait y rester que quarante-huit heures. Et ensuite, où aller ?

– Chris me retrouvera. Il me traquera. Il est pilote, il peut aller aux quatre coins de la planète. Je n'ai nulle part où me cacher.

Une de ses amies appela son pasteur à la rescousse, une autre joignit SOS Violence conjugale. De part et d'autre, la réponse était claire : personne ne pouvait rien pour Liysa si celle-ci ne demandait pas elle-même de l'aide. On assurait toutefois qu'elle pourrait rester aussi longtemps que nécessaire dans un refuge : nul ne la jetterait dehors.

Les griefs formulés par Liysa mirent aussi en effervescence ses plus proches amies sur le continent, Ellen Duveaux et l'avocate Marni Clark. En revanche, les hommes de son entourage ne s'émurent guère. Nick Mattson refusa d'écouter ses jérémiades à propos de son successeur, et Randy Ore en avait plus qu'assez des récriminations de Liysa. Il n'habitait plus chez eux, mais en face, dans l'appartement que Chris occupait avant d'emménager chez Liysa. Randy était sûr et certain de ne jamais avoir entendu le moindre écho de violence conjugale.

Un jour, Liysa débarqua à l'improviste chez ses beaux-parents ; cela ne se produisait jamais, en tout cas pas en dehors des réunions familiales. Elle était seule. Chris était de service. Elle venait se plaindre.

– Liysa m'a dit que Chris avait essayé de l'étrangler, se souviendra Jeanne, encore ébranlée par cette visite inattendue. Elle m'a dit qu'elle portait des marques sur le cou. J'ai bien regardé, mais je n'ai rien vu.

La pensée que son fils puisse porter la main sur une femme parut ridicule à Jeanne. Chris n'avait jamais fait de mal à personne.

Furieuse, Liysa planta là sa belle-mère.

En plus de ses heures de service, qui le retenaient loin de chez lui en moyenne quinze jours par mois, Chris était pilote instructeur et membre du bureau de sécurité de la Hawaiian Airlines ; de plus, il s'était porté volontaire pour soutenir ses collègues aux prises avec l'alcoolisme. Non qu'il fût un adepte de la sobriété à tout crin, mais il ne buvait jamais en service. Chris fumait de temps à autre de l'herbe, tout comme Liysa, l'usage du cannabis étant beaucoup plus répandu à Hawaii que sur le continent. Mais les pilotes n'étaient évidemment pas autorisés à fumer un joint ni à boire un verre pendant un certain laps de temps avant de prendre les commandes d'un avion. Des vérifications surprise permettaient d'exclure des cockpits tout contrevenant.

Selon le témoignage unanime de ses proches, il lui arrivait de boire quelques cocktails au cours d'une soirée. Chris avait plutôt l'alcool gai. Quant à la marijuana, inutile de s'étendre ici sur les effets lénifiants qu'elle a sur l'organisme. Or Liysa commença à qualifier Chris d'alcoolique au dernier degré, et à prétendre que les psychiatres auraient tôt fait de discerner chez lui des personnalités multiples. Elle confiait aux oreilles compatissantes qu'elle vivait dans la peur : cet homme était imprévisible.

Chris ignorait tout de la campagne de diffamation menée par Liysa. Leur mésentente le minait, mais par pudeur il n'en s'en ouvrait à personne. Il voulait simplement qu'elle le laisse tranquille quand il partait faire du vélo ou du surf au retour de ses vols. Il avait besoin de se détendre. Liysa, de son côté, se plaignait amèrement de son égoïsme : pendant qu'il s'amusait, elle s'occupait des enfants et n'avait pas de temps à elle.

D'une certaine manière, Chris était en effet égoïste. Ses ex le jugeaient solitaire à l'excès, ce trait de caractère étant son principal défaut. Il avait toujours refusé d'abandonner des activités qui leur paraissaient futiles, alors qu'elles étaient essentielles à son équilibre. Liysa elle-même ne parvenait pas à lui faire lâcher prise. Même s'il ne l'avait jamais critiquée en public, il commençait à mal supporter qu'elle lui donne des ordres à tout bout de champ.

Son ami John Gill n'aurait guère parié sur leur mariage. Liysa cherchait à contrôler tous les faits et gestes de son mari, lequel, de nature accommodante, subissait peu à peu son joug. Les jours où les deux hommes, après une partie de pêche ou une balade avec les enfants, revenaient ensemble chez Chris, Liysa ne prenait même pas la peine de saluer John.

– Elle faisait comme si je n'étais pas là. Si elle avait quelque chose à dire à Chris, elle l'appelait comme si je n'existais pas. Lui, rien ne le désarçonnait. Il avait un moral d'acier.

John fera observer que si violence physique il y avait eu dans le couple, elle était du fait de Liysa, et de Liysa seule. Un jour, il avait vu Chris lui opposer une résistance passive, et elle, exaspérée, lui lancer un coup de poing dans le bras. Évidemment, le rapport de force était inégal : on aurait dit un papillon frappant un bœuf.

Au cours d'une promenade à skis dans les montagnes de l'Oregon, John assista à une scène qui lui parut illustrer leur mésentente. Chris, une fois les skis chaussés, grimpa la pente sans s'apercevoir que Liysa peinait à se hisser jusqu'en haut. John prêta main-forte à la jeune femme, mais cette dernière n'en fut pas moins furieuse contre Chris.

– C'était Chris tout craché, dira John. Il n'était pas toujours prévenant, mais ce n'était pas volontaire de sa part.

Lorsque Liysa piquait une crise en public, Chris gardait son calme. Il essayait de la raisonner tout en lui promettant qu'ils en reparleraient plus tard. Il n'était pas furieux, mais humilié.

Arne Arnesen n'avait jamais vu Chris perdre son sang-froid. Lorsque, dans un bar, l'ambiance se mettait à chauffer et qu'une bagarre était près d'éclater, Chris lui donnait un coup de coude pour lui signifier qu'il était temps de mettre les voiles.

– Chris détestait se battre, témoignera Arne. Il détestait même côtoyer des gens qui se disputaient.

Liysa s'efforçait de ne pas se trouver sous le même toit que Chris. Quand il résidait à Bend, elle partait pour Kailua. Rien de plus simple pour elle, puisque la traversée en avion était gratuite. Lorsque Chris et les garçons se trouvaient à Hawaii, Liysa vivait à Bend. Mais en général, c'était elle qui gardait les enfants.

Les amies de Liysa étaient bien incapables de prévoir ses visites. Elle surgissait toujours sur leur seuil à l'improviste, parfois joyeuse, parfois sombre, mais toujours survoltée, bouillonnante... et quelquefois exaspérante. Et quand elle était déprimée, elle leur narrait les affres que Chris lui faisait subir. À l'entendre, on croyait volontiers que son mari était un monstre.

En 1998, le premier mari de Liysa, Kurt Moran, fut stupéfait de recevoir un coup de fil de son ex-femme après des années de silence. À l'instar de Tim Sands, il avait vite compris que sa compagne trichait avec la réalité. Aussi se méfia-t-il quand elle lui annonça d'une voix caressante qu'elle était de nouveau célibataire et à la tête d'un important capital immobilier à Hawaii et dans l'Oregon.

En dépit des avances de Liysa, Kurt n'avait aucune envie de renouer avec celle qui l'avait trompée tout au long de leur union. Il avait eu vent de son mariage avec un pilote de la Hawaiian Airlines, un certain Chris. La lune de miel avait dû tourner court... Or rien n'était plus faux.

Chapitre 17

Sans le dire à ses proches, avec la discrétion qui le caractérisait, Chris réussit à persuader Liysa de consulter un conseiller conjugal. Pour éviter l'écueil d'un divorce, il était prêt à livrer ses pensées les plus intimes à un tiers, en l'occurrence le Dr Linda Carr.

D'après Arne, à qui Chris se confia, lorsque, au début de l'année 1998, le couple se présenta pour une première séance de thérapie, Liysa se dressa sur son fauteuil, droite comme un I, et se mit à débiter un flot de reproches et de récriminations à l'encontre de son mari. En cinquante-cinq minutes, elle fit le tour de ses défauts, manies et sautes d'humeur.

La séance suivante fut de la même eau. Liysa n'en finissait pas de critiquer Chris avec amertume et âpreté, regrettant qu'il soit si têtu et refuse de changer. Lors de la troisième séance, comme Liysa entamait un nouveau monologue, le Dr Carr l'interrompit d'une voix douce :

– Liysa, et si nous demandions maintenant à Chris son point de vue ?

Pendant que Chris exprimait son opinion sur leur vie de couple, Liysa manifesta des signes d'impatience, sinon d'exaspération. Il n'y eut pas de quatrième séance commune : Liysa refusa tout net de s'y rendre.

La déontologie défend toute divulgation des propos que tiennent des patients devant leur psy, sauf autorisation expresse des intéressés. Un jour viendrait où Chris permettrait au Dr Carr de révéler la teneur de leurs séances de thérapie.

Le rapport du Dr Carr daté du 2 mars 1999 se présente de la manière suivante :
« Psychologue diplômée ayant un cabinet à Honolulu, j'ai vu M. Northon en séances régulières depuis janvier 1998. Douze séances individuelles au cours des six premiers mois de 1998 et cinq depuis le mois de décembre. Je l'ai aussi vu plusieurs fois en couple avec son épouse, Liysa.
« Monsieur Northon a pris contact avec moi pour l'aider à résoudre certains problèmes conjugaux. Il citait des disputes constantes et se plaignait d'être l'objet de critiques continuelles de la part de sa femme. Madame Northon semble lui imputer tous les torts, et affirme qu'elle le croit responsable de lui avoir causé un cancer, ainsi qu'à une de ses ex-petites amies. Tout au long de sa thérapie, il a exprimé le désir de sauver son mariage, en partie pour préserver les intérêts de son fils, en dépit des désaccords entre époux.
« Il n'a pas caché sa colère, laquelle, quoique longue à naître, peut survenir. Monsieur Northon est conscient de l'avantage que présente sa haute taille et n'hésite pas à en faire usage. *Toutefois, lorsqu'il est en colère, il est susceptible de tenir des propos blessants, mais pas de recourir à la violence.* »

Le Dr Carr s'efforça d'aider Chris à mettre au point des stratégies permettant de « canaliser sa colère, de manière que les disputes ne causent pas de dégâts irréparables à la relation... comme cela se produit quand on prononce des paroles qu'on est amené à regretter ».
La thérapeute conseilla par exemple à Chris de demander quelques instants de pause à Liysa s'il sentait que la discussion tournait au vinaigre. Chris répliqua qu'il avait déjà essayé, en particulier au mois de décembre, quand il était sorti de chez lui avant que Liysa n'appelle la police.

« Monsieur Northon s'est conduit en patient coopératif et honnête, lit-on dans le rapport du Dr Carr. Il était ponctuel à nos rendez-vous, et quand il lui arrivait de se décommander, c'était toujours à l'avance et pour des raisons valables. Il brosse de lui-même un tableau réaliste et n'a jamais tenté de se faire passer pour une victime ou un saint. Il aurait plutôt tendance à culpabiliser et à assumer toutes les fautes, même si, dans un couple, les problèmes ne sont jamais unilatéraux... »

Suivant les conseils de sa thérapeute, Chris voulut un soir d'orage conjugal prendre la fuite. Folle de rage, Liysa bondit sur son dos puis le griffa au visage. Par la suite, Chris expliqua à l'un de ses amis :

— Je suis costaud. Il a suffi que je hausse les épaules, et elle a été obligée me lâcher...

Liysa était forte pour une femme, mais elle ne pouvait rien contre ce colosse. Cela ne fit que l'énerver davantage.

Malgré les allées et venues frénétiques de Liysa entre Hawaii et le continent, Chris et Liysa se trouvèrent en même temps à Bend le 2 février 1999. Ce soir-là, ils prirent un verre avec Arne et Carrie Arnesen dans le bar d'un des country-clubs les plus agréables de la ville. Ils auraient dû passer un moment délicieux.

Dehors, il neigeait, et l'eau gelait sur les routes et les trottoirs. Les deux couples sirotèrent plusieurs cocktails bien au chaud dans l'atmosphère cordiale du bar. Chris ne repartait pas voler avant plusieurs jours. Il dut boire deux ou trois verres, Liysa aussi. Mais sur cette dernière, l'alcool n'avait pas un effet lénifiant : c'était plutôt l'inverse. Sa langue se délia.

— Elle a dit des choses d'une dureté inimaginable, se rappellera Arne. Avec Carrie, on a tous les deux pensé : Comment peut-on proférer des horreurs pareilles à propos de quelqu'un à qui on est marié, qu'on est censé aimer ? Chaque fois qu'elle sentait qu'elle avait fait mouche et que Chris était blessé, Liysa avait un sourire satisfait. Quant à Chris, il faisait le dos rond.

Le lendemain, Chris raconta à Arne ce qui s'était passé après qu'ils se furent dit bonsoir. Dans la voiture, il avait demandé à Liysa des explications sur son comportement. Elle avait poussé des cris, il avait hurlé...

— Il a fallu qu'il gare la voiture au bord de la route, et il est sorti, rien que pour ne plus entendre le son de sa voix, relate Arne.

Chris était résolu à rentrer à pied chez eux. Mais Liysa ne s'avoua pas vaincue. Elle le suivit en voiture, continuant à l'insulter à travers la vitre.

Ensuite, elle arrêta la voiture et se rua sur lui. Il la repoussa des deux bras contre une congère. Liysa l'agrippa par le bras. En cherchant à se libérer, il lui donna un coup de coude et elle glissa sur une plaque de verglas. Elle tomba et s'écorcha les genoux sur le gravier répandu sur la chaussée par le chasse-neige.

— Je ne voulais pas la frapper, déclara Chris. J'essayais seulement de la tenir à distance.

Ils remontèrent tous deux en voiture, mais la trêve n'était pas amorcée pour autant. Liysa était très ivre, et Chris guère plus sobre.

— Là, elle s'est tournée vers moi, racontera Chris à Arne, et m'a envoyé un direct du droit entre les deux yeux.

Le nez en sang, Chris se gara de nouveau sur le bas-côté, pria Liysa de prendre le volant et de le conduire à l'hôpital. Au lieu d'obtempérer, elle regagna la maison par des chemins détournés. Ils étaient tous deux blessés.

Quatre jours plus tard, Liysa se rendit au centre médical de première urgence de Bend où elle fut examinée par le Dr Jamie McAllister, laquelle jugea la patiente manifestement bouleversée, sinon terrifiée. Liysa se prétendait contrainte de vivre avec un homme qui la battait pendant des crises de rage. Elle avoua au médecin qu'elle craignait pour sa vie et pour celle de ses enfants.

Le Dr McAllister lui prescrivit une pommade antibiotique pour soigner un début d'infection aux genoux. Puis elle ajouta qu'elle allait signaler son cas à la police – démarche obligatoire en cas de violence domestique notoire.

Liysa la supplia de n'en rien faire : elle redoutait des représailles terribles de la part de Chris si la police s'en mêlait. Elle implora le médecin de ne rien noter sur son dossier en rapport avec leur conversation. Liysa savait se montrer persuasive, mais le Dr McAllister étant une femme de devoir, et très respectueuse de la loi, elle téléphona quand même aux services de police pour rendre compte de l'incident. La violence domestique n'est plus un drame honteux qu'il faut à tout prix passer sous silence. Aujourd'hui les aides abondent, et la justice est peu encline à absoudre les hommes qui confondent leur épouse avec un punching-ball. Liysa ne faisait pas l'effet d'une femme sans ressources, mais tout de même elle semblait aux abois, terrorisée.

Deux officiers de police se présentèrent à la clinique pour prendre la déposition de Liysa.

« Madame Northon était nerveuse, apeurée, lit-on dans le rapport d'un des policiers, Kalin Ayhan. Elle dit qu'elle n'a pas l'intention de déposer une plainte contre son mari. Elle voulait seulement faire soigner son genou infecté. Elle a un gros hématome sur la cuisse gauche et une croûte sur le genou gauche.

« Elle déclare qu'après avoir déposé leurs amis après le dîner, son mari Christopher s'est fâché contre elle parce qu'elle l'avait humilié devant eux. Il s'est mis à crier, a arrêté son véhicule sur la voie, est descendu de voiture. Il a ouvert sa portière et l'a jetée à terre. »

Liysa admit qu'elle avait riposté et lui avait mis le nez en sang. Ils avaient tous les deux trop bu.

« Elle dit que Christopher se met en colère quand il boit, et que c'est la quatrième fois qu'il la bat depuis leur mariage. »

À l'issue de cet entretien, les deux officiers de police se rendirent chez les Northon pour s'entretenir avec Chris, mais ce dernier était absent.

Liysa courut chez Arne et Carrie, paniquée.

— On lui aurait donné le Bon Dieu sans confession, se remémorera Arne. Elle s'est exclamée : « Bon sang, Chris va être fou de rage. Ça va me coûter très cher. » Elle a dit qu'elle ne savait pas du tout qu'on interpellait forcément une personne accusée de violence conjugale.

Lorsque Chris apprit qu'il était recherché, il se présenta spontanément au poste. Après avoir pris connaissance de ses droits et donné sa version des faits, il fut incarcéré dans la prison du comté.

Bien sûr, il paya la caution et fut libéré. Arne vint le chercher à la sortie. Il était pâle, avait le nez tuméfié et légèrement de travers – il avait plus pâti que sa femme. Ni Chris ni Arne ne se montrèrent bavards.

Le nez de Chris ne tarda pas à guérir, même s'il ne devait plus être droit ; mais son cœur saignait à la pensée qu'il allait peut-être perdre son Bjorn adoré si Liysa décidait de le quitter. Il avait signé des papiers lui cédant son droit de garde. Existait-il un moyen de contourner cette clause de leur contrat de mariage ?

Chris fit appel à une avocate, Seana McMann, pour le défendre dans l'affaire pour laquelle on l'avait mis en garde à vue. Mais, le jour du procès, Liysa préféra ne pas témoigner et s'envola pour Hawaii. Faute de combattant, l'affaire fut ajournée... définitivement. Peu après, la police reçut du tribunal l'ordre de détruire les photographies des genoux de Liysa et du nez de Chris. Ce dernier se mit en devoir de faire expurger toute l'histoire des dossiers.

Au printemps 1999, Chris et son père partirent en randonnée dans leurs chères montagnes de l'Oregon. Assis tous les deux au sommet d'une formation rocheuse, les Three Sisters, devant le panorama fabuleux qui se déployait à leurs pieds, Chris, une fois n'est pas coutume, brisa le silence :

— Tu sais, papa, je me demande si je peux en supporter beaucoup plus. J'ai toujours cherché à arranger les choses avec Liysa, pour Bjorn, mais maintenant, j'ignore si je peux...

Dick attendit la suite. Chris s'était renfermé en lui-même. Ils respiraient l'air pur de la montagne : de ces hauteurs, on avait l'impression d'avoir laissé les contingences du quotidien dans le fond des vallées en contrebas. Dick hésitait à lui donner un conseil ; cela l'écœurait de penser que son fils risquait d'être privé de la présence d'un enfant alors que lui-même avait grandi sans père. D'un autre côté, il se rendait compte que Chris était affreusement malheureux avec Liysa.

De cet épisode de leur vie restent deux photographies, l'une de Chris, l'autre de Dick, prises alternativement par l'un et l'autre. Chris, accroupi devant l'objectif sur un gros rocher, arbore son sourire des jours heureux.

Plus le temps passait, plus les relations entre Chris et Liysa se distendaient. Avant même que Chris rentre de ses vols, Liysa partait de l'autre côté de la mer avec les enfants. Chris n'était pas mécontent d'éviter les disputes, mais son fils et Papako lui manquaient.

Vers le milieu de l'année 1999, Liysa assista à Walla Walla au vingtième anniversaire de sa promotion. Elle s'y présenta seule, alors que la majorité de ses anciens camarades étaient accompagnées de leur mari. Ceux qui avaient eu dix-huit ans en 1979 allaient sur leurs quarante ans. Parmi eux on dénombrait des hommes affligés de calvitie, des femmes aux silhouettes épaissies. Liysa, elle, restait belle comme le jour.

Voici le témoignage d'une de ses anciennes camarades :

– Liysa avait beaucoup changé depuis le dixième anniversaire de la promo. Elle n'avait plus l'air d'avoir envie de s'amuser. Son regard avait quelque chose de hagard. Soit elle avait des trous de mémoire, soit elle feignait de ne pas nous reconnaître. En tout cas, elle était bizarre.

Sur la photo qu'elle transmit aux responsables du livre d'or de la réunion, elle tient Bjorn sur ses genoux et entoure Papako de son bras droit. Avec ses longs cheveux soyeux et ses joues hâlées par le soleil, elle a une allure exotique que vient confirmer l'énoncé de son adresse – Kailua, Oahu, Hawaii.

Sa brève biographie achevait d'impressionner.

« Pendant ces dix dernières années, j'ai triomphé du cancer, vendu un scénario, donné le jour à deux enfants merveilleux, participé au championnat du monde de *bodysurf*, filmé *Endless Summer II*, et été photographiée pour diverses publicités. J'ai aussi divorcé, construit une terrasse pour ma maison, poursuivi ma carrière de photographe, appris à faire du ski de fond, conçu l'architecture de plusieurs maisons et commencé à vivre à mi-temps à Bend. Je suis prête aujourd'hui à me poser. »

Il n'était pas question, pour les assistantes dentaires ou les épouses de gérants de supermarchés, de songer à rivaliser avec cette vahiné des temps modernes.

Plusieurs éléments manquaient toutefois à la biographie sommaire présentée par Liysa. Nulle mention de Chris dans la case dédiée à cet effet. Donc, pas la moindre allusion non plus au grade de commandant qu'il était sur le point d'obtenir. Elle était fière de ses fils, pas de son mari. Il s'y glissait aussi un mensonge. Liysa n'avait nulle intention de « se poser ». À son petit cercle d'amies, elle continuait de confier que Chris la terrorisait et la battait tous les jours ; elle n'avait donc qu'un moyen de se protéger : le fuir dès qu'il menaçait de rentrer à la maison. Elle laissait désormais assez souvent Papako et Bjorn à Bend, avec Chris.

Grâce à Nick, Liysa avait pris goût aux paillettes hollywoodiennes. Et elle brûlait de figurer elle-même au panthéon des célébrités. Son arme dans cette campagne : l'écriture. Cela ne l'empêcherait pas de rester une excellente mère pour Papako et Bjorn, d'acheter le ranch de ses rêves et de continuer à être photographe... Un fameux programme.

Le seul obstacle sur le chemin de la gloire lui semblait s'incarner dans son mari, Chris Northon.

Hillary Radovich, institutrice à Hawaii, connaissait Liysa depuis près de dix ans. Elle avait tout de suite sympathisé avec la jeune femme, qui lui avait paru « amusante, avec une vie passionnante, et très bonne mère ». Hillary fut sidérée d'apprendre que Chris n'était pas l'homme doux et pacifique qu'elle connaissait. Mais, en y repensant, elle trouva qu'il avait en effet « l'air trop charmant pour être honnête ».

Combien de fois Hillary avait-elle dû réconforter Liysa en larmes après une crise de colère de Chris ! Un jour, il avait même menacé de brûler leur maison, avec les enfants à l'intérieur. Pauvre Liysa, pensa Hillary, elle pour qui ses enfants sont la prunelle de ses yeux...

Liysa accusait aussi Chris de se droguer, y compris avant de prendre les commandes de son avion. S'il restait à l'abri de poursuites, c'est parce qu'il était haut placé dans la hiérarchie de la compagnie aérienne. En outre, il connaissait toutes les combines pour échapper à la vigilance de ses collègues.

– Je n'ai jamais mis en doute les propos de Liysa, témoignera Hillary.

Au cours de l'été 1999, elle rencontra par hasard Liysa dans les rues de Kailua ; celle-ci portait des lunettes de soleil. Quand elle les ôta, Hillary vit qu'elle avait un coquard.

– Regarde ce que Chris m'a fait, lâcha Liysa.

D'autre signes, de l'avis de Hillary, ne trompaient pas : des griffures sur le cou, sur la poitrine. Mais à chaque fois Liysa suppliait Hillary de ne pas en parler à Chris, de peur qu'il ne la tue. Elle était encore plus terrifiée depuis qu'elle avait provoqué son arrestation à Bend.

Quand Hillary suppliait Liysa de quitter cet homme, elle secouait tristement la tête :

– Il me retrouverait où que j'aille et me tuerait si je le quittais.

Cependant, Liysa ne se montrait pas toujours aussi directe. Autour de la piscine, les discussions entre amies allaient bon train. Toutes se demandaient comment faire avouer la vérité à Liysa. Tant de courage confinait au martyre. Elle gardait son tee-shirt pour nager, n'enlevait plus ses lunettes noires, attendait que les autres soient sorties de la salle d'eau pour prendre sa douche. Des petits gestes qui trahissaient combien de souffrances secrètes ?

Elles étaient toutes prêtes à aider leur amie, à l'accueillir chez elles, à se rendre complices de sa fuite. Finalement, sans doute touchée par tant de sollicitude, Liysa, en pleurs, leur fit un récit terrifiant de son quotidien. Quand Chris avait bu et qu'elle voyait s'allumer une « certaine lueur » au fond de ses yeux, elle ordonnait à Papako de s'enfermer dans sa chambre avec Bjorn.

Un peu plus tard, à l'une de ces bonnes âmes qui téléphonaient à Bend pour vérifier si la pauvre Liysa était encore en vie, elle alla jusqu'à raconter que Chris avait dit à un ami – Dan Jones – qu'il brûlait de tuer toute sa famille et de la manger !

Chapitre 18

Le projet de Liysa d'acheter un ranch dans l'Oregon pour y fonder un spa n'avait guère progressé depuis son mariage avec Nick, Chris n'étant pas plus enthousiaste que son ex-mari pour se lancer dans cette aventure. Ils pourraient certes vendre la maison d'Hawaii, qui devait valoir environ 750 000 dollars, mais Chris refusait de se séparer de celle de Bend.

Justement, Liysa se morfondait à Bend : elle préférait de loin sa vie à Hawaii, avec le soleil et la mer. Outre le fait qu'elle négligeait les tâches ménagères, elle sombra dans la dépression, ne prenant même pas la peine d'ouvrir les volets le matin, ne se lavant plus les cheveux et ne parlant pas aux voisins.

Des journées entières passaient sans qu'elle mette le nez dehors. Car, même si elle n'entretenait pas de relations de voisinage, elle n'en était pas moins observée. Et quand elle sortait au supermarché avec les enfants, le cheveu gras, le regard éteint, elle prenait soin de ne regarder personne, comme pour éviter tout contact.

L'entrepreneur Don Strain fut parmi les rares personnes à pénétrer chez les Northon à cette époque. Chris l'avait engagé pour effectuer différents travaux et il l'appelait aussi de temps à autre pour de simples réparations. À plusieurs reprises, Don Strain vint reboucher des trous dans les plaques de plâtre qui doublaient les murs. D'après Dan, on aurait dit que quelqu'un avait volontairement défoncé la cloison. Quand il interrogea Chris du regard, celui-ci répondit en haussant les épaules :

– Il y a quelqu'un ici qui n'est pas toujours commode.

Les trous étant de petite taille, Dan en déduisit qu'il parlait non de lui-même mais de sa femme. Sans doute donnait-elle des coups de pied dans le mur quand elle piquait une colère.

Liysa tenait un cahier où elle collait des annonces immobilières. Quand elle les montrait à Chris, il lui disait :

– Comment veux-tu qu'on s'occupe d'un troupeau quand on est la moitié du temps à Hawaii ? Et quand je travaille, qui ira à cheval voir si tout se passe bien dans les champs ?

– On engagera des gens ! répliquait-elle, agacée par ses objections.

– Et qui va signer un chèque de deux millions de dollars pour acheter ce ranch ?

La foire du livre de Grand Wailea, sur l'île de Maui, est l'un des grands rendez-vous annuels, qui rassemble auteurs de best-sellers et de scénarios. Là, entre les stands et au cœur des salles de conférence, les aspirants écrivains ou scénaristes peuvent glaner des conseils avisés. On y organise aussi des ateliers d'écriture suivis de cocktails et de somptueux banquets où toutes sortes de rencontres sont possibles, avec des éditeurs, des auteurs, des producteurs, des scénaristes, des agents littéraires... J'ai moi-même animé un atelier dans le cadre enchanteur de l'hôtel Marriott de Wailea.

En 1999, Liysa Northon se rendit à cette foire où, parmi les amateurs, elle faisait figure de pro, tant son style était abouti. Cette jolie femme charmante, très séduisante, fit tourner quelques têtes.

On dit qu'un véritable écrivain ne peut chercher hors de lui-même la substance de ses œuvres. Celles de Liysa avaient pour sujet principal une femme forte et courageuse entourée d'un cercle d'amies, mère de jeunes garçons et harcelée par un mari cruel. Il arrivait à Liysa de se servir des prénoms de membres de son entourage. Et quel que soit le contexte, la femme mourait d'un cancer ou d'une autre maladie grave, et cherchait à léguer sa fortune à ses enfants et à ses amies.

Avant sa mort, elle veillait à contracter une assurance qui permettrait à ses amies dans le besoin ou victimes de violences conjugales de changer de vie. L'époux violent ne gagnait jamais, et l'héroïne réussissait à récupérer ses fils.

Hawaii était l'atout de Liysa : sa connaissance des mœurs, des coutumes et de la langue hawaiiennes, de sa faune et de sa flore, parait ses récits d'une réelle originalité. Son style possédait une puissance évocatrice indéniable, surtout lorsqu'elle s'appliquait à décrire les vagues et les paysages, comme s'il lui suffisait de fermer les yeux pour voir l'océan sur écran géant. Elle excellait aussi dans les dialogues, qui sont l'essence même du scénario. Liysa était un bon auteur, comme elle avait été bonne photographe.

Un de ses scénarios rappelait étrangement un film de Billy Wilder, *Assurance sur la mort*, dans lequel une femme, incarnée par Barbara Stanwyck, séduit un employé de compagnie d'assurance puis échafaude avec lui un plan pour supprimer son mari et partager avec lui son assurance vie. Seule différence dans la version de Liysa : son héroïne ne désire pas cet argent pour elle-même mais pour le léguer à ceux qu'elle aime, après sa mort, et celle, bien sûr, de son ignoble époux.

Afin de permettre à Liysa d'assister aux conférences à Maui, Chris s'arrangea pour se trouver à Kailua aux mêmes dates afin de garder Papako et Bjorn. Comment une aussi bonne mère avait-elle pu confier ses chères têtes blondes à un monstre qui menaçait de les tuer tous et de les manger, voilà qui était étrange et pour le moins contradictoire...

Parmi les scénaristes d'Hollywood présents à la foire, Craig Elliot[1] était sans doute l'un de ceux qui avaient le plus le vent en poupe. Plusieurs de ses scénarios avaient été portés à l'écran et leurs records au box-office lui avaient rapporté des nomi-

---

1. Il s'agit d'un pseudonyme.

nations aux Oscars. Comme pour d'autres auteurs à succès, sa contribution à ces conférences était un tribut à sa bonne étoile.

Craig était en tous points l'opposé de Chris. Un homme plutôt brun et râblé, aux muscles noueux, très bon joueur de tennis. Pendant sa conférence, son regard avait souvent croisé celui de Liysa et il avait trouvé ses questions fort pertinentes. Il fut même impressionné par ses écrits. Cela dit, il n'était pas prêt à tomber amoureux. Il était marié, heureux en ménage, et avait une famille sur le continent.

Les participants aux ateliers avaient droit à dix minutes d'entretien avec la personnalité de leur choix. Liysa choisit Craig Elliot et lui présenta son synopsis.

Craig offrit de l'aider à mettre la dernière main à son scénario puis de se mettre en quête d'un producteur intéressé. Il l'engagea à rester en contact avec lui. Il allait bientôt animer des ateliers dans le nord-ouest des États-Unis.

Craig souligna qu'une des faiblesses principales du scénario tenait au manque de vraisemblance de certains éléments. Il incombait notamment à Liysa de trouver un modèle pour rendre crédible le personnage de l'assureur. Liysa songea aussitôt à l'ex-mari de la sœur de Chris, assureur de son état. Phil Hetz, quoique divorcé de Mary, voyait encore les Northon. C'était un chic type, et Liysa savait qu'il l'aimait bien.

La relation entre Liysa et Craig prit-elle un tour plus intime ? Difficile à dire. Liysa rentra à Bend, puis à Kauila. L'atmosphère s'était soudain allégée dans le couple Northon. Chris était ravi de retrouver une femme plus sereine, sinon euphorique. Elle passait le plus clair de son temps devant son ordinateur, mais cela ne le dérangeait pas. Si Liysa était contente, tout le monde dans la maison l'était aussi.

Il se surprit bientôt à espérer qu'en fin de compte son mariage tiendrait bon.

Chapitre 19

Alors que le millénaire touchait à sa fin, la vie de Liysa était promise à de grands bouleversements. Comme Chris, elle éprouvait un regain d'optimisme. Elle revit Craig Elliot en octobre 1999. Il lui répéta qu'il croyait à son scénario et consentait à le retravailler avec elle, à condition de le cosigner. En d'autres termes, il lui ouvrait les portes des studios d'Hollywood ! Liysa était folle de joie. Bientôt elle n'aurait plus à dépendre d'aucun homme pour réaliser ses rêves...

Elle accepta de rédiger un premier jet et de le soumettre à Craig pour qu'ils puissent ensuite le peaufiner ensemble.

Craig et Liysa donnèrent rendez-vous à Phil Hetz dans un restaurant japonais. Le scénariste lui demanda de leur expliquer comment les assureurs enquêtaient sur les causes du décès d'un assuré. D'après Phil, ils avaient approfondi le sujet et son métier n'avait plus de secret pour eux ; afin que leur scénario soit crédible, il leur fallait trouver un ressort inédit. La maladie censée tuer leur héroïne devrait être impossible à diagnostiquer. Tout assureur trouverait très suspect qu'une jeune femme apparemment en bonne santé décède soudain. « Et en cas de suicide ? » demanda Liysa. « Ne comptez sur aucun versement, répondit Phil, surtout si la police d'assurance a été souscrite peu de temps auparavant. »

Après ces explications, Liysa et Craig se virent à plusieurs reprises pour essayer de trouver une solution plausible. Le personnage de l'assureur pourrait être mal intentionné, à l'instar de celui joué par Fred MacMurray dans le film de Wilder. Ou bien, tout en ayant conscience de commettre une grave faute professionnelle doublée d'une escroquerie, il pourrait être animé de sentiments plus nobles et chercher à sauver la belle des griffes de son mari. John Travolta serait parfait pour le rôle. Le problème, c'était que Travolta ne pouvait pas mourir à la fin : on n'élimine pas une star de cette envergure. Il faudrait remanier la dernière scène...

Liysa vivait dans la hantise quasi paranoïaque de se faire voler ses idées. À Phil, elle n'avait dévoilé qu'un pan de l'intrigue. Seul Craig la connaissait en totalité et avait fini par voir des similitudes entre Liysa et son héroïne. Craig la plaignait beaucoup. Il s'inquiétait moins en revanche des risques de plagiat, sachant que les idées ne valent rien en elles-mêmes, que tout est une question de timing : il faut frapper à la bonne porte au bon moment.

Craig était persuadé qu'ils avaient une chance de trouver un producteur. Ils comptaient intituler leur film *Lesser Evil*, « Un moindre mal ». Même s'il n'était pas réalisé, car Craig avait assez d'expérience pour savoir que rien n'était jamais sûr à Hollywood et que nombre d'excellents scénarios croupissaient au fond de tiroirs, Liysa aurait tiré profit du travail effectué ensemble. Après tout, n'investissait-il pas du temps et de l'argent dans son projet ? Il engageait sa réputation... Et puis, grâce à lui, elle ne serait plus une inconnue dans les coulisses de l'industrie du cinéma.

Penser qu'un scénariste aussi chevronné que Craig se soit dévoué pour former un jeune talent par pur idéalisme serait trop naïf. Craig, comme tant d'autres, n'était pas insensible au charme de Liysa.

Liysa en était très flattée. Elle se confia dans un e-mail à son amie d'enfance Marni Clark ; celle-ci nourrissait les pires craintes pour la jeune femme, ayant prêté une oreille compatissante aux litanies de Liysa. D'après ce que Liysa lui en disait, Craig paraissait un parti intéressant...

Si Liysa caressait le projet de quitter Chris pour le scénariste, son mari ne s'en était pas rendu compte. Les deux hommes s'étaient rencontrés et Chris appréciait le concours que Craig apportait aux entreprises scénaristiques de son épouse. En outre, contrairement à Liysa, Chris n'était pas jaloux. Et par ailleurs, Craig n'était pas son type.

Heureux de voir combien le caractère de Liysa s'était adouci, Chris était disposé à réorganiser son emploi du temps pour s'occuper de Bjorn pendant qu'elle retrouvait Craig à Los Angeles, pour une séance de travail ou, par la suite, lors de rendez-vous avec des agents et des producteurs. Parfois elle emmenait Papako avec elle, parfois elle le laissait avec Chris, ou avec Nick. Elle avait sevré Papako à l'âge de cinq ans et comptait allaiter Bjorn aussi longtemps. Pour des raisons évidentes, elle ne pouvait guère s'absenter.

Craig, à qui Liysa avait fait des confidences, s'étonnait de trouver Chris aussi aimable ; il se le figurait mal en brute. Pourtant, en sa présence, Liysa avait l'air d'une biche aux abois. Quand il la voyait seule, elle était à l'aise ; mais dès qu'elle devait rentrer à Bend, il sentait qu'elle « marchait sur des œufs ». Elle lui avoua un jour que Chris l'avait battue au point de l'envoyer à l'hôpital d'Hawaii... Comment aurait-il pu imaginer qu'elle mentait avec aplomb ?

– Quand je suis sortie de l'hôpital, la police l'a obligé à suivre une thérapie pour contrôler sa colère, avait-elle affirmé.

Bien entendu, cela aussi, c'était faux.

– Je n'avais aucune raison de ne pas la croire, soupirera Craig en me rapportant les faits.

Il était même étonné qu'elle montre tant d'indulgence pour Chris : elle lui trouvait des excuses, évoquait les « absences dont souffrent tous les alcooliques ». Chris ne gardait pas de souvenir des coups dont il la gratifiait ou qu'il assenait dans le mur... Il était si beau, si amusant quand il ne buvait pas. « On lui donnerait le Bon Dieu sans confession », concluait-elle en riant.

Une autre fois, elle dit à Craig qu'elle était très inquiète parce que Chris allait chasser la palombe avec John Gill. Elle abhorrait les armes à feu et refusait d'en avoir chez elle. Si elle en trouvait une, elle la jetterait à la poubelle. Elle avait essayé de raisonner Chris en lui rappelant comment le fils d'un ami avait tué sa mère par accident.

– J'aurais dû lui dire aussi que j'avais peur qu'il me tue sous l'empire de la colère, ou d'être tentée moi-même de m'en servir contre lui !

Liysa se demanda tout haut si une cure d'électrochocs pouvait être bénéfique à Chris, puis elle s'excusa auprès de Craig de s'être épanchée ainsi, même si elle supposait que ses tourments intérieurs pouvaient les aider à développer le personnage principal de leur scénario...

Loin de Chris, logée au Hilton proche de l'aéroport, où le statut de pilote de son mari lui permettait d'obtenir une suite à bon prix, Liysa vivait dans l'euphorie.

Craig la présentait à ses amis, qui succombaient tous à son charme. Il organisait des rencontres avec des producteurs et des agents artistiques. Après des années de chimères, Liysa bavardait enfin avec des personnalités dont elle avait vu les noms au générique de nombreux films. Elle présentait avec éloquence le synopsis de *Lesser Evil* et Craig était fier d'elle.

Si Liysa savourait chaque instant passé à Hollywood, on ne peut pas dire qu'elle se sentait attirée par Craig. Mais elle estimait qu'avec lui la vie était plus intéressante et plus stimulante qu'avec Chris. Craig, pour sa part, se berçait d'illusions sur l'attirance qu'elle éprouvait pour lui et se laissait prendre à ses e-mails enflammés dans lesquels elle lui assurait qu'ils étaient faits l'un pour l'autre. D'un ton taquin, elle le mettait au défi de quitter femme et enfants pour elle, et le traitait de « poule mouillée ».

Ses longues lettres à Craig rappelaient, par leur style comme par leur contenu, celles qu'elle adressait à Chris comme à Kevin. C'est d'ailleurs au fil de sa correspondance qu'elle avait appris à cultiver l'ambiguïté avec habileté.

« Quand je suis d'humeur généreuse, écrivit-elle à Craig, j'ai envie d'être bonne pour toi, tant que je peux faire partie de ta vie d'une façon ou d'une autre. Quand je me sens égoïste, je me contente d'avoir envie d'être avec toi... »

Et quand elle se trouvait en sa compagnie, elle continuait à se plaindre des « colères éthyliques » de Chris. Un jour, en venant la chercher à l'aéroport de Los Angeles, Craig remarqua qu'elle était beaucoup plus maquillée que d'habitude. En l'observant de plus près, il constata qu'elle avait la lèvre un peu enflée. Interceptant son regard, Liysa soupira que Chris l'avait encore battue.

À Craig, elle affirma aussi qu'elle rencontrait souvent Michelle Pfeiffer et son mari le producteur David Kelley sur la plage à Kailua ; ils possédaient une maison non loin de Lanipo Street. Et elle ajoutait que Chris était horriblement jaloux et l'accusait de coucher avec David Kelley. En réalité, elle avait à peine salué d'un « bonjour ! » le couple de stars, et Chris ne l'avait jamais accusée de le tromper avec qui que ce soit.

Craig, qui devait subir une vasectomie, différa l'intervention. Liysa l'avait ensorcelé. Elle lui disait qu'elle voulait d'autres enfants, lui répétait qu'il devait à tout prix quitter sa femme pour elle...

Liysa envoya un e-mail à Marni Clark en lui donnant le numéro de téléphone de Craig, parce que, d'après elle, il était si inquiet qu'il trouvait rassurant que Marni puisse l'appeler si jamais il lui arrivait quelque chose : « Dans l'éventualité où Chris me tuerait. Il est génial et aux petits soins pour moi. Comme j'aimerais avoir un tel homme dans ma vie, qui croit en moi, m'adore et n'hésite pas à me dire qu'il me considère comme un trésor ! »

À en croire Liysa, Craig était si amoureux qu'il était déjà séparé de sa femme et attendait qu'elle se libère de Chris. Mais comment pourrait-elle quitter un mari qui ne la laisserait jamais partir, la tuerait plutôt ?

– C'est vrai que j'ai eu le coup de foudre pour Liysa, avouera Craig Elliot, mais seulement un moment, à la conférence à Maui. Ensuite, je me suis ressaisi. Je me suis rendu compte que ce n'était pas moi qu'elle désirait : elle trouvait en moi une échappatoire, un point c'est tout.

Craig refusa tout rapport sexuel avec Liysa ; il aimait sa femme, et il était sur le point de la perdre... La seule aventure qu'il souhaitait vivre avec Liysa était celle de leur scénario à quatre mains.

Chapitre 20

Le scénario de Liysa et Craig s'avérait un modèle du genre et l'intrigue était palpitante. Alors qu'il était en lecture chez plusieurs producteurs hollywoodiens, les deux auteurs se mirent en quête de nouvelles idées. Liysa, qui se considérait désormais au même niveau que Craig, se mit à lui prodiguer des conseils et même à critiquer son travail. Il ne lui vint pas à l'esprit qu'elle dépassait les bornes. Elle n'avait jamais rien publié, excepté un livre illustré sur une plage d'Hawaii !

Une fois le scénario vendu, elle serait lancée, deviendrait célèbre...

Son euphorie était telle que le jour où Craig lui demanda de s'asseoir parce qu'il avait une mauvaise nouvelle à lui annoncer – leur scénario était impeccable, mais voilà, Columbia Pictures venait d'en acheter un sur le même thème –, Liysa fut anéantie.

Elle qui avait touché du doigt la gloire, la fortune !

Craig avait beau lui répéter qu'elle ne devait pas se décourager, qu'il fallait tenir bon et plancher sur d'autres scénarios, elle n'avait plus confiance en lui. Il lui avait promis monts et merveilles, et rien ne s'était produit. Elle ne l'écouterait plus.

Liysa voyait son rêve lui échapper. Pour une personne centrée sur la satisfaction immédiate de ses désirs, la gifle était magistrale. Elle décréta ne plus avoir besoin de Craig ; elle était aussi douée que lui et savait désormais naviguer dans l'industrie cinématographique.

Les deux premiers mois de l'année 2000 furent à la fois frustrants et laborieux pour Liysa. Elle se retrouvait seule devant son ordinateur et ne savait par où commencer. Elle commença un nouveau scénario, puis écrivit le synopsis d'un roman, puis passa à une histoire pour la jeunesse... Elle bouillonnait d'idées, mais ne parvenait pas à les canaliser.

Était-ce une ultime tentative afin de sauver son mariage ? Chris invita Liysa à l'accompagner à Tahiti pour des vacances de trois jours. Elle le rejoignit accompagnée de Bjorn. Ils séjournèrent à partir du 1er mars dans le cadre paradisiaque d'un hôtel de luxe, le Park Royal Beachcomber, niché dans un paysage tropical, en bordure du lagon de Mooroa – une des étapes préférées des équipages de Hawaiian Airlines.

Ce voyage fut loin d'être la deuxième lune de miel escomptée par Chris. Le copilote de ce dernier, Leroy Perry, constata à sa grande tristesse que Chris descendait le plus souvent seul sur la plage, tandis que sa femme et son petit garçon se promenaient ailleurs. Perry voyait bien que Chris était malheureux avec elle. Deux membres du personnel de cabine observèrent que Chris parlait « sèchement et durement » à Liysa, lui ordonnant de se taire.

– Elle filait doux en présence de Chris, commentera Perry.

En revanche, le mécanicien de bord, John Crabble, ne nota aucune tension entre Chris et Liysa : à son avis, ils avaient l'air de s'entendre plutôt bien.

– Chris m'a dit que Liysa avait une prise de vues et pensait que cela amuserait Bjorn de regarder les surfeurs.

Dans l'autocar, de même, selon Perry, le couple s'était disputé, alors que selon le mécanicien, tout allait pour le mieux.

– Mais j'étais assis à l'avant, j'ai pu ne rien remarquer, commentera John Crabble.

Il est vraisemblable que Perry soit le plus fiable des deux témoins. Liysa avait accepté d'accompagner Chris à contre-cœur. Tahiti avait beau être un paradis, pour elle il s'agissait d'une cage dorée.

Dès leur retour à Hawaii, elle reprit ses allées et venues entre l'archipel et le continent. Quand Chris annonçait son arrivée, Liysa pliait bagage. Elle ne voyait plus ses amis, pas même Arne et Carrie Arnesen. Chris s'obstinait à lui inventer des excuses :

– Elle a besoin de prendre l'air... Elle écrit...

Chris n'était guère disposé à fréquenter les amies de Liysa, en particulier Ellen Duveaux. Les proches de Liysa le jugeaient distant, froid même. Quand il lui arrivait d'accompagner Liysa à un pique-nique ou à un barbecue, deux fois sur trois il s'arrangeait pour filer à l'anglaise avant la fin du repas. Leur mariage était bel et bien moribond, mais tous deux voulaient la garde de Bjorn. Chris s'était aussi beaucoup attaché à Papako. Il redoutait que la clause de leur contrat de mariage dans laquelle il cédait à sa femme la garde des enfants s'avère incontournable.

Lorsque Chris se retrouvait seul dans la maison à Bend, il était exaspéré par le désordre et la crasse. Quand Liysa était là, elle passait son temps à son ordinateur ou à s'occuper de ses enfants. Mais Chris ne supportait plus la vue de la nourriture moisissant dans le réfrigérateur, ni l'amoncellement de détritus encombrant tous les coins et recoins. Finalement, il demanda à sa sœur de venir nettoyer en l'absence de Liysa. Cette dernière, quand elle l'apprit, sortit de ses gonds : comment osait-on s'immiscer ainsi dans son intimité ?

À la suite de cet incident se produisit une catastrophe. C'était un dimanche, le 4 juin. John Gill rendait visite ce jour-là à Chris. Soudain, il vit Liysa surgir de l'arrière de la maison en s'écriant :

– On m'a volé mes ordinateurs ! Tout mon travail de l'année ! Envolé ! Perdu !

Elle n'avait rien sauvegardé, ni sur disquette ni sur CD. Elle n'avait pas imprimé ses textes. Elle n'avait plus rien ! C'était impensable. Surtout pour une professionnelle de l'écriture, ce qu'elle prétendait être, après tout.

Chris alerta aussitôt la police. Peu après, deux officiers sonnèrent à la porte. Leur rapport signale la disparition de deux ordinateurs, d'un appareil photo reflex et d'une montre. C'était le 4 179ᵉ cambriolage enregistré par la police de Bend depuis le début de l'année.

– On s'est absentés une bonne partie du week-end, précisa Chris. Quelqu'un se sera introduit chez nous.

Les policiers inspectèrent les lieux et découvrirent ce qui ressemblait à des traces d'effraction sur la porte du garage, mais rien de plus probant.

Ni Chris ni Liysa ne connaissaient les numéros de série des ordinateurs volés, mais Chris téléphona au service après-vente de la marque Gateway. On lui fournit tous les renseignements : il s'agissait d'un ordinateur de bureau PC Solo 2000 dont le numéro était 0004155980 et d'un ordinateur portable Solo 2000 numéro 0015336775. Ces indications étaient essentielles. Sans elles, impossible de prétendre mener une enquête. Cela dit, les chances de retrouver ces deux outils de travail étaient minces. L'assurance les remboursa et Liysa racheta un ordinateur portable ; elle ne pouvait s'en passer, à cause de sa volumineuse correspondance. Mais Chris était désolé qu'elle ait perdu tous ses scénarios et débuts de romans, et jusqu'à son journal intime.

Liysa n'en accusa pas moins Chris de ne pas compatir à son malheur. Un peu plus tard, dans une lettre à un ami, elle décrivait le cambriolage et le priait de noter les détails qu'elle lui donnait. Elle ajoutait à cette requête une étrange précision : elle avait, disait-elle, surpris Chris regardant des photos pornos sur son ordinateur. Furieux d'être pris en flagrant délit, il lui aurait alors donné un coup de pied dans le ventre.

À la même époque, l'ancienne compagne de Chris, Sharon Leighty, revenue vivre à Bend en décembre 1999, téléphona à deux reprises chez eux pour prendre des nouvelles. Elle savait Chris marié, et ses appels étaient purement amicaux. Mais Liysa lui raccrocha au nez la première fois, et la deuxième refusa de lui passer Chris. L'ex-petite amie en conclut que Liysa était jalouse ; cela lui parut ridicule, puisque Chris et elle ne s'étaient pas vus depuis quinze ans. Quand elle essaya une dernière fois, par un heureux hasard, Sharon tomba sur Chris.

– Qu'est-ce qui se passe ? s'enquit Sharon.

S'ensuivit un long silence. Puis il répondit :

– Je m'en occupe.

Sa voix n'était pas celle du Chris qu'elle avait connu : il semblait éteint.

L'été 2000 n'en finit pas d'égrener ses mornes journées. Chris ne se plaignait plus de son mariage à sa famille : il n'en parlait plus du tout, tandis que Liysa n'avait jamais été aussi loquace sur la question. Chris la brutalisait, Chris la terrifiait, clamait-elle sur tous les tons. Elle vivait dans la terreur... Les amis de Chris se bouchaient les oreilles.

Aucun de leurs voisins n'entendait de bruits suspects s'élever de chez Chris et Liysa, mais cela ne prouvait rien. Peut-être ne se disputaient-ils pas, tout simplement parce qu'ils se trouvaient rarement tous les deux au même moment sous le même toit.

Au printemps 2000, Liysa acheta un grand berger des Pyrénées : elle avait lu quelque part que cette race de chiens ne s'attachait qu'à une seule personne. Chris, qui aimait beaucoup les animaux, trouvait le chiot très sympathique mais se rembrunissait quand il voulait se faire les dents sur ses chaussures. Un jour, il le poursuivit dans le jardin en faisant des moulinets avec ses bras et en poussant de grands cris. Peu après, Liysa raconta au professeur de piano de Papako que Bjorn avait entendu Chris menacer de tuer le chien. Cela ne l'étonnait pas, ajoutait-elle, de la part d'un homme qui attaquait les cloisons à coups de poing.

Certes, Chris n'était pas sans reproche. Un soir, après avoir bu l'apéritif chez ses parents, il était rentré à vélo avec Bjorn perché sur ses épaules. Liysa l'accueillit tremblante de rage.

Liysa était assez fine pour adapter son discours de *mater dolorosa* à son interlocuteur et ne dénigrait pas forcément Chris devant n'importe qui. Dan Jones, par exemple, un de ses plus vieux camarades, logea avec sa compagne Mindi Fox dans le « nid d'aigle » de Chris, au fond du jardin, en l'absence du pilote. Mindi trouvait Liysa formidable.

— Elle était sympa, énergique. Jamais je ne me serais doutée que quelque chose n'allait pas... Je l'ai trouvée extra.

Plutôt que de vouer Chris aux gémonies, Liysa se contentait de lâcher quelques traits d'humour :

— Ah, les maris, ils me rendent folle !

Mindi, qui avait déjà rencontré Chris, le jugeait « très chaleureux, vraiment gentil. Il avait un tel amour pour la vie. Je le trouvais génial »...

Par la suite, paradoxalement, Liysa cita Dan Jones comme celui qui l'aurait prévenue que Chris voulait tuer sa femme et ses enfants et les manger. Ni Dan ni Mindi n'en ont gardé le moindre souvenir. Et l'idée que leur ami pût proférer de pareilles menaces leur semblait absurde.

Quels échos les DeWitt avaient-ils du prétendu calvaire vécu par la jeune femme ? Comment voyaient-ils Chris ?

Tor DeWitt était de retour à Walla Walla depuis 1998, tandis que les autres membres de la famille s'étaient éparpillés. Leur père, Wayland, avait quitté le Texas pour la côte de l'Oregon. Leur mère, Sharon, habitait le Texas avec son deuxième mari.

Quoique lui-même plongé dans les affres d'un divorce et de tractations concernant la garde de ses enfants, Tor fut scandalisé lorsque, à l'occasion d'une rencontre fortuite à un match de base-ball, Marni Clark lui apprit innocemment que Chris Northon battait sa sœur. C'était en juin 2000. Tor, déchaîné, téléphona le soir même à Bend et à Hawaii en laissant le même message sur les deux répondeurs : Chris pouvait-il le rappeler de toute urgence ?

Liysa, interceptant le message avant son mari, téléphona à son frère en catastrophe.

— Si tu lui dis quelque chose, il va me le faire payer ! protesta-t-elle, en larmes, afin de le persuader de se taire.

Mais Tor, toujours hors de lui, contacta le siège de la Hawaiian Airlines à Honolulu. Il eut beau tempêter, l'administration de la compagnie aérienne refusa de l'écouter et il ne réussit pas à avoir un responsable au bout du fil.

Tor connaissait à peine Chris : les deux hommes ne s'étaient rencontrés que deux fois. Ils se croisèrent de nouveau au milieu de l'été 2000, au grand festival de rodéo de Joseph où Tor dispensait des premiers soins à l'infirmerie.

Cette entrevue ne réconcilia pas Tor avec Chris. Il avait des *a priori* tenaces contre son beau-frère, dont il pensait savoir qu'il était une brute épaisse, d'après les rumeurs.

Au mois d'août, Liysa vint aider Tor à faire son ménage : c'était plutôt drôle étant donné ses piètres performances en ce domaine. Mais Tor était en plein divorce, Liysa tenait à lui donner un coup de main. Or, ce jour-là, Tor remarqua des bleus sur le cou de sa sœur. Quand il s'enquit de ce qui lui était arrivé, elle balaya sa question d'un geste de la main :

– Je n'en sais rien.

Tor lui aurait répliqué :

– Si tu étais l'une de mes patientes, il serait de mon devoir de le signaler à la police. À mon avis, ton mari t'a battue.

Une de ses tantes du côté maternel, Bobbi Chitwood, assista à une scène révélatrice de l'attitude habituelle de Liysa. Cette dernière était montée un jour à Joseph en compagnie de Chris, à qui elle voulait présenter le deuxième mari de sa grand-mère. Mais ce monsieur refusa de serrer la main du monstre qui battait sa petite-fille. Liysa chuchota à l'oreille du vieillard qu'il ne fallait pas, que ce serait bien pire... Quant à Chris, il tourna les talons sans demander son reste. La tante Bobbi conclut :

– Il avait sûrement bu.

Au cours de l'été 2000, Liysa fut soutenue par l'affection et le dévouement de trois personnes : Marni Clark, Ellen Duveaux et son père, Wayland DeWitt.

Wayland, peut-être parce qu'il se sentait coupable d'avoir négligé sa fille quand elle était petite, n'eut même pas l'idée de vérifier l'exactitude des accusations portées par Liysa à l'encontre de son mari. Certes, il connaissait son gendre et au demeurant l'avait toujours jugé sympathique, mais plus maintenant. À entendre Liysa, Chris était capable de se conduire normalement en public, alors que dans l'intimité, et sous l'emprise de l'alcool, il était en proie à des rages violentes qui faisaient de lui un homme dangereux pour sa femme et ses enfants. Pour se calmer, disait Liysa, Chris consommait de la cocaïne et du cannabis. Wayland, dévoré d'inquiétude, assurait à Liysa qu'elle pouvait compter sur lui pour la protéger. En outre, il se croyait expert en comportements déviants car il avait été autrefois visiteur de prisons, notamment au pénitencier de Walla Walla, et avait passé beaucoup de temps à discuter avec des criminels. Il alla jusqu'à se plonger dans des ouvrages psychiatriques pour tenter de diagnostiquer la maladie mentale dont, sans aucun doute, souffrait Chris.

L'entourage de Chris n'était pas non plus à l'abri des médisances de Liysa. Selon elle, le collègue de Chris, Dave Story, celui-là même qui les avait mariés, n'était qu'un vil dealer, au même titre que son épouse, Debbie. Et Liysa ajoutait dans un murmure que les Story envoyaient leur enfant livrer la marchandise...

Chris, pendant ce temps, ne semblait se douter de rien. Peut-être paraissait-il un peu plus soucieux, un peu plus silencieux, un peu moins souriant. Mais s'il avait des soucis, il n'en faisait jamais part à ses amis.

– Chris était en perpétuelle recherche d'une solution, se remémorera Dave Story. Il gardait l'espoir de sauver son mariage parce que, dans son esprit, il devait y avoir un moyen d'arranger les choses.

Son ancienne compagne, Sharon Leighty, le rencontra par hasard au bureau de poste. Il était avec son fils. Manifestement, Bjorn faisait la joie de son père. Sharon essaya de l'aiguiller sur le sujet de son couple, mais Chris refusa d'en parler. D'après lui, tout allait très bien. Elle n'en crut rien. Il avait l'air si triste...

Chapitre 21

À la fin de l'été 2000, alors que Liysa n'avait toujours aucune nouvelle de ses ordinateurs volés, elle reçut un nouveau choc : Chris lui annonça qu'il allait aider ses parents à acheter une maison à Joseph, sur les rives du lac Wallowa.

Chris adorait ses parents. Ils avaient travaillé dur pour permettre à ses sœurs et à lui de poursuivre les études de leur choix et l'avaient toujours épaulé. Chris trouvait normal, puisqu'il en avait les moyens, d'arrondir la somme qui leur permettrait d'obtenir un crédit pour un bien immobilier qui, de toute façon, finirait par lui revenir en héritage. Mais Liysa ne le voyait pas de cet œil.

Elle s'énerva : alors qu'il refusait d'acheter le ranch de ses rêves, Chris allait non seulement dépenser une fortune pour ses parents mais en plus pour acquérir une maison à Joseph, le pays d'origine de sa propre mère, une région qu'elle considérait comme son territoire, le lieu où vivaient les siens. Elle détestait les sœurs de Chris, elle détestait ses beaux-parents. Point final.

Chris eut beau lui répéter que la maison de Joseph n'était pas, et de loin, aussi coûteuse qu'un ranch de deux millions de dollars, Liysa ne décolérait pas. Comme toujours quand une dispute éclatait, Chris s'en alla.

À la suite de cette querelle, Chris avoua à Arne Arnesen que la séparation était peut-être la seule solution à ses problèmes conjugaux. Il avait annoncé à Liysa que, si elle ne parvenait pas à se maîtriser, il allait la quitter. Il aurait même déclaré à Arne :

— Liysa est détraquée... Tu ne peux pas savoir à quel point...

Comme toujours, il se désolait à l'idée de perdre Bjorn. Peu lui importait que Liysa parte à l'autre bout du monde, mais il tremblait à la perspective qu'elle emmène le petit. Il aimait aussi beaucoup Papako, et cela le peinait de penser qu'il ne le verrait plus...

Quelle ne fut donc pas la stupéfaction d'Arne lorsque, en septembre, Chris lui annonça que tout allait beaucoup mieux entre Liysa et lui... Il paraissait soudain optimiste, témoignera son vieil ami.

— Liysa s'est calmée, affirma-t-il au cours de la première semaine d'octobre. C'est génial !

Chris lui raconta qu'en rentrant à Bend cette semaine-là il avait trouvé la maison vide : Liysa était partie voir son père. À son retour, elle semblait de bonne humeur et lui proposa d'emmener les enfants camper en montagne. Chris était content, ce projet lui paraissait de bon augure. Il trouvait seulement qu'il faisait déjà trop froid pour camper en altitude. Mais Liysa était tellement enthousiaste qu'il finit par accepter.

Liysa se chargea de tout organiser. Ils devaient s'absenter du vendredi 6 octobre jusqu'au lundi 9. Elle choisit le lieu – le camping Maxwell, dans le comté de Wallowa – et décida d'emmener seulement Bjorn, voyant là une occasion rêvée pour Papako de prendre des leçons de vitrail avec Ellen Duveaux.

Ils voyageraient dans des véhicules séparés. Elle partirait de Bend le vendredi avec les deux garçons et déposerait l'aîné à Dayton ; ce trajet représentait près de cinq cents kilomètres. Le samedi matin, elle se rendrait au rendez-vous convenu avec Chris, au Minam Store, dans la vallée, avant de monter au camping au bord de la Lostine. Il apporterait de Bend la tente, le matériel de camping et des provisions. Liysa retournerait à Dayton le lundi matin pour chercher Papako.

Cette expédition supposait de longues heures de route pour

deux jours frisquets sous la tente, loin de tout. Mais Chris était prêt à bien des sacrifices pour un retour en grâce. Il espérait qu'avec ce voyage s'ouvrirait un nouveau chapitre de leur vie commune.

Chapitre 22

Ellen Duveaux, qui n'approuvait guère l'expédition, s'affola de voir l'état de son amie à son retour, le teint livide, les vêtements trempés, le bras peut-être fracturé, grelottante de froid. Quand Liysa lui demanda de l'aider à sortir Bjorn de l'Explorer, elle obtempéra sans hésiter.

– Il faut aussi que tu m'aides à cacher la voiture, ajouta Liysa.

En entrant dans la maison, Liysa déposa son sac à dos dans un coin du salon, geste auquel Ellen ne prêta aucune attention sur le moment, tant l'état de son amie la préoccupait. En claquant des dents, Liysa lui raconta que Chris l'avait battue puis avait tenté de la noyer. Elle ne savait pas comment elle avait réussi à s'enfuir avec Bjorn, mais elle avait sauté dans sa voiture pour aller tout droit chez son amie.

Aussitôt, Ellen prit les choses en main. Elle ordonna à Liysa de se déshabiller et fit couler un bain pour elle et Bjorn. Elle lui prêta des vêtements secs pendant que les siens tournaient dans la machine à laver. Une fois Liysa réchauffée, elle appela à la rescousse un refuge pour femmes battues situé à La Grande. On conseilla à Liysa de se rendre d'abord à l'hôpital de Dayton pour soigner ses contusions. Liysa, qui avait refusé l'aide médicale proposée par son frère, dut céder aux supplications d'Ellen.

Elle insista néanmoins pour se rendre à l'hôpital seule et par ses propres moyens. Aux urgences, elle fut prise en charge par l'infirmière Michelle Hooper, qui témoignera que la jeune femme était très calme mais déterminée à se faire examiner.

En attendant le médecin, l'infirmière lui demanda ce qui s'était passé.

— Elle se plaignait de douleurs au genou et à l'épaule. Il y avait de petites coupures sur son genou gauche et sur son épaule gauche, et un coquard. Elle se plaignait aussi de mal au dos, mais je n'ai rien vu. Aucune trace.

La peau sous l'œil gauche de Liysa était bleuâtre, mais il n'y avait pas d'inflammation et elle pouvait écarquiller les yeux. Elle raconta à Michelle Hooper qu'elle s'était battue avec son mari, avec qui elle campait, entre 23 heures et 2 heures du matin.

— Elle m'a dit qu'elle était tranquillement assise sur une chaise pliante au bord de la rivière quand il l'avait attaquée. Il avait bu et avalé des pilules. Elle m'a raconté avoir déploré à voix haute le fait qu'il refuse de se faire soigner. C'est alors qu'il s'est rué sur elle, l'a renversée dans l'eau et empoignée par le cou. Il l'aurait sûrement étranglée si leur enfant n'était sorti juste à ce moment-là de la tente en pleurant...

Chris, un instant distrait par les pleurs de Bjorn, aurait relâché son étreinte juste assez pour lui permettre de s'enfuir. Elle avait couru jusqu'à la tente pour s'y réfugier en attendant que son mari se calme ou s'endorme.

Le croyant assoupi dans son sac de couchage, elle essaya de se glisser jusqu'à la voiture, mais il bondit de nouveau sur elle pour l'étrangler. Il empestait la vodka. Une fois encore, elle lui échappa. Après d'interminables minutes d'attente, elle se résolut à passer à toute vitesse devant le sac de couchage et à tirer dans cette direction avec son revolver, juste pour l'effrayer.

À Michelle Hooper, qui lui demanda pourquoi elle s'était sentie obligée de parcourir tout ce chemin jusqu'à Dayton, dans l'État de Washington, pour signaler l'affaire, elle répondit :

— Je ne suis pas du coin. Et puis je voulais récupérer mon fils aîné, qui était resté ici.

Liysa promit d'alerter la police dès sa sortie de l'hôpital. Elle ignorait que l'établissement avait déjà prévenu les autorités et que l'adjoint au shérif, Kevin Larkin, du comté de Columbia, l'attendait à la porte des urgences.

À l'instar de l'infirmière Hooper, l'infirmière Patty Gallaher fut étonnée du calme apparent de Liysa. Michelle Hooper lui murmura à l'oreille en lui passant le dossier :
– Femme battue. Elle a tiré.

Patty Gallaher, tout comme le médecin de garde qui examina Liysa, n'avait jamais vu débarquer à la salle des urgences que des femmes battues en pleurs, agitées et encore tremblantes de peur et d'émotion.

À l'adjoint du shérif, qui l'interrogea ensuite, Liysa déclina son identité et celle de son mari, lui expliquant qu'ils avaient deux domiciles, l'un à Bend et l'autre à Hawaii. Chris était pilote à la Hawaiian Airlines, et elle photographe de surf pour différents magazines. Puis elle se lança dans une diatribe sur l'alcoolisme de son mari, qui devenait en outre toxicomane.
– Quel genre de drogues ? s'enquit Larkin.
– Tout ce que vous voulez.
– Comment fait-il puisqu'il est pilote de ligne ?

Liysa affirma que Chris n'avait pas subi de test depuis cinq ans. Il se testait lui-même et prenait soin de ne rien consommer assez longtemps avant la prise de sang.

L'infirmière Patty Gallaher, qui assistait à l'entretien, car l'hôpital exigeait la présence d'une femme lorsqu'une patiente était interrogée par un policier, déclarera que Liysa s'était montrée très vague dans ses réponses.

Larkin confirmera cette impression :
– J'avais beau la cuisiner sur sa bagarre avec son mari, elle se débrouillait pour esquiver et embrayer sur un autre sujet.

Liysa lui fit néanmoins le récit suivant, qui n'était pas tout à fait celui qu'elle avait proposé à l'infirmière...

Dans l'après-midi, elle était allée se promener seule dans la montagne en laissant son fils Bjorn à son père. À son retour, elle constata qu'il avait replanté la tente au bord de la rivière.

– Il n'y a pas eu de problème jusqu'au dîner. Et puis mon mari s'est mis à boire dans un gobelet rouge et a insulté Bjorn.

Son mari sortit alors un couteau de chasse, dont il menaça le bébé en disant :

– Si tu n'es pas sage, tu verras de quel bois je me chauffe...

Liysa se précipita pour lui arracher le couteau des mains. Il s'excusa. Mais elle préféra faire une petite balade de vingt minutes en voiture avec Bjorn, histoire de laisser à son mari le temps de reprendre ses esprits.

À leur retour, elle prépara le repas ; ils dînèrent puis elle s'installa sur la chaise au bord de l'eau, blottie dans le sac de couchage drapé sur ses épaules. Elle reprocha à Chris son alcoolisme et le mit en garde : s'il continuait ainsi, elle le priverait de ses enfants.

Tout à coup, il se redressa, la souleva et la jeta dans la rivière avant de bondir sur elle pour l'étrangler.

Le bébé, sur la berge, hurla de terreur. Liysa et son mari se tournèrent en même temps vers lui. Chris relâcha son étreinte autour de son cou et elle prit son fils dans ses bras pour le remonter jusqu'à la tente.

– Pourquoi avoir évoqué son alcoolisme alors que vous saviez que ce sujet le mettait hors de lui ? questionna Larkin.

Liysa bredouilla qu'elle avait tellement peur de son mari...

Sous la tente, elle coucha le bébé tout en surveillant les faits et gestes de son mari par l'ouverture. Elle remarqua qu'il avait disposé son sac de couchage en travers du sentier, pour l'empêcher de passer. Quand elle voulut remonter vers sa voiture, il jaillit du sac nu comme un ver, l'empoigna par le cou et la jeta par terre.

Larkin, tout en l'écoutant, observa le cou de la jeune femme. Il n'était pas rouge et ne présentait aucune égratignure... Mais il la laissa continuer.

Lors de sa deuxième tentative, elle réussit à atteindre son véhicule. Les portières de l'Explorer étaient verrouillées. Elle trouva la clé qu'il cachait dans son 4 × 4... et elle prit un revolver dans le sac où elle rangeait ses appareils photo. Elle sortit les balles de leur cachette et chargea l'arme.

Quand elle redescendit, Chris était étalé nu sur le sable, ivre mort. Dominant sa terreur, elle l'aida à se glisser dans son sac de couchage. Ensuite, elle alla chercher son fils sous la tente et courut vers le sentier en criant à l'adresse de son époux :
— Je pars avec le bébé !
Et, l'enfant sous un bras et le revolver dans l'autre main, elle tira sur le sac de couchage.

Quand Larkin demanda qu'elle précise la distance qui la séparait alors de son mari, elle lui répondit :
— Deux mètres, peut-être moins.
— Pourquoi avez-vous tiré sur lui ? interrogea l'adjoint au shérif. Vous a-t-il attaquée ?
Liysa secoua la tête en expliquant que Chris avait le sommeil léger. Elle craignait qu'il lui barre la route.
— Il ne s'est pas réveillé à votre approche ?
— Il faisait trop noir. Mais je l'ai vu bouger, j'en suis sûre...
Elle ajouta que Chris avait émis un drôle de bruit, comme un soupir sonore, lorsqu'elle avait tiré. Mais elle était tellement terrifiée qu'elle avait continué de courir et roulé tout droit jusqu'au domicile de son amie Ellen à Dayton.
— Pourquoi avoir pris le temps d'attacher votre fils dans son siège, si vous aviez tellement peur que votre mari vous rattrape ?
Liysa leva un regard étonné vers le policier.
— Je n'en sais rien.
— Pensiez-vous que la balle avait atteint votre mari ?
— Oui, peut-être.
— Où vous êtes-vous procuré ce revolver ?
Elle déclara que son père le lui avait donné il y avait déjà un certain temps, pour qu'elle ait les moyens de se défendre en cas d'agression. Où se trouvait l'arme à présent ? Dans sa voiture, laquelle était garée dans le parking de l'hôpital.
Après quoi Larkin prit quelques clichés Polaroïd des blessures de Liysa : deux de son visage, et les autres de son épaule et de son genou.

Le moment était venu de se rendre sur le parking pour récupérer l'arme du crime. Elle tâtonna le sol devant le siège du passager et souleva une petite poubelle en plastique, qu'elle tendit au policier. Parmi d'autres objets, il découvrit un revolver Taurus 85 calibre 38 à cinq coups.

– Il n'est pas chargé ?

Non, fit Liysa de la tête.

Par réflexe professionnel, Larkin vérifia. Sans sortir l'arme de la corbeille, il abaissa le levier et fit pivoter le cylindre. Sur cinq, deux emplacements étaient vides. Les autres, chargés...

– Je croyais que vous n'aviez tiré qu'une fois ?

– Un premier coup est parti tout seul, quand je chargeais le revolver dans la voiture.

– Comment Chris a-t-il réagi en entendant la détonation ?

Liysa resta silencieuse.

– Vous m'avez dit qu'il avait le sommeil léger, insista Larkin. J'ai du mal à croire qu'il n'ait pas entendu un coup de revolver à cinquante mètres.

Toujours pas de réponse.

Liysa lui montra du doigt une pochette en peau de mouton au fond de la corbeille. Larkin en retira trois balles.

Il pouvait raisonnablement espérer que la balle avait manqué sa cible, et que le mari de la jeune femme cuvait toujours sa vodka au bord de la rivière Lostine.

Le policier, qui souhaitait enregistrer la déposition de la jeune femme, laissa cependant Liysa retourner chez son amie, auprès de ses enfants. Elle lui jura qu'elle y attendrait son appel. Entre-temps, elle téléphonerait à un ami de son frère, Dick Bobbitt, membre des forces de l'ordre dans l'Oregon.

De retour au bureau du shérif, Kevin Larkin signala de toute urgence l'affaire à leur collègue du comté de Wallowa, le shérif Ron Jett, lequel dépêcha son adjoint Rich Stein au camping Maxwell.

Quand Kevin Larkin téléphona chez les Duveaux, Ellen lui fit part de son inquiétude pour son amie, qui souffrait de choc et d'hypothermie. Il lui demanda s'il pouvait passer enregistrer la déposition de Liysa et la sienne ; elle accepta.

Mais lorsqu'il arriva, peu après, Liysa s'était envolée. Ellen lui expliqua que son amie était partie avec son frère voir Dick Bobbitt et qu'elle-même préférait ne pas faire de déposition pour l'instant. Elle lui apprit néanmoins que cela faisait des années qu'elle suppliait Liysa de divorcer. La partie de camping ? Une idée de Chris, bien sûr. Absurde, d'ailleurs ! Mais il tenait à profiter des derniers soleils d'automne avant l'hiver...

Elle assura à Larkin avoir souvent vu Chris soûl.

Ellen ne lui signala pas que Liysa avait oublié chez elle son sac à dos. Peut-être n'avait-elle pas encore remarqué sa présence. Elle avait été trop bousculée depuis l'arrivée de son amie, ce matin-là. Cela dit, quand elle le trouva, elle se garda bien de le remettre aux autorités.

Chapitre 23

L'adjoint au shérif de Milton-Freewater, dans l'Oregon, Dick Bobbitt, fut la deuxième personne à téléphoner au shérif Ron Jett pour l'inciter à inspecter le camping Maxwell : il venait de recevoir un coup de fil matinal de Tor DeWitt, l'informant que sa sœur était à l'hôpital.

Dick Bobbitt n'avait rencontré Liysa qu'une fois, mais c'était un vieil ami de Tor. Lorsque Liysa l'appela à l'aide un peu plus tard, à 13 h 15, elle lui répéta ce qu'elle avait raconté à Larkin et se montra si convaincante qu'il lui donna rendez-vous à son bureau : il acceptait de suivre l'affaire avec elle et Tor.

Avant même l'arrivée de Liysa à Milton-Freewater, Bobbitt fut mis au courant par le shérif Ron Jett de la macabre découverte au camping Maxwell. Deux enquêteurs de la police de l'Oregon se rendirent aussitôt à Milton-Freewater pour interroger Liysa.

À première vue, la personnalité de Liysa parut à Bobbitt correspondre à la voix entendue au téléphone. Une femme mince, avec un coquard, et l'air de souffrir beaucoup. Liysa était vêtue d'un pantalon de jogging et d'un sweat-shirt. Elle n'était pas maquillée et ses cheveux pendaient sur ses épaules. Son frère, qui l'escortait, semblait au comble de l'inquiétude.

Bobbitt fut touché par la fragilité de Liysa.
– Chris va bien ? souffla-t-elle.
– On l'a retrouvé, répondit Bobbitt sans plus de précisions.

Il pria Tor de sortir avec les deux enfants pendant qu'il parlait à leur mère. Lorsqu'il ajouta que deux inspecteurs venaient l'interroger, elle supplia presque :
– Je peux les attendre avec mes fils ?
Comment aurait-il pu lui refuser cette faveur ?

Chris Northon n'était mort que depuis douze heures, mais déjà les policiers les plus compétents de l'État de l'Oregon s'affairaient.

En apparence, il s'agissait d'un cas de violence conjugale qui avait tourné à la tragédie. La lutte contre ce fléau, grâce aux services sociaux, ne date pas d'hier. Souvent, les autorités sont tentées de baisser les bras. Pourquoi lie-t-on son destin à une personne avec qui on ne s'entend pas ? Et pourquoi refuser la séparation, quand la police s'en mêle ? Combien de fois avait-on appréhendé le mari le samedi soir, pour que l'épouse vienne retirer sa plainte et le sortir de prison le lundi matin ? Et puis un trop grand nombre de femmes battues gardent le silence sur leur condition...

La protection de ces victimes est devenue une priorité nationale au cours des vingt dernières années. À l'école de police, on apprend aux futurs officiers à repérer les cas de violence domestique et à traiter la femme (beaucoup plus rarement le mari) avec douceur. Dans certaines juridictions, dès qu'il y a bagarre, l'un des deux conjoints est aussitôt placé en garde à vue, et cela même si l'autre se jette aux pieds des policiers pour implorer leur clémence.

Il était possible que Liysa Northon soit une de ces victimes de harcèlement et de mauvais traitements, et que la peur l'ait poussée à tirer sur son conjoint. Si cette hypothèse était avérée, Liysa serait libre de reprendre le cours de sa vie et de s'en aller avec ses deux petits garçons chercher le bonheur sous le soleil d'Hawaii. Toutefois, si sa déposition ne concordait pas avec les éléments concrets du dossier, l'affaire promettait d'être beaucoup plus longue...

Dick Bobbitt ajoutait foi à la version de Liysa, mais ce n'était pas le cas de tout le monde.

Les infirmières de l'hôpital de Dayton, d'abord, avaient trouvé Liysa beaucoup trop calme et trop vague pour être honnête, sans compter que ses blessures étaient superficielles. Ensuite, les inspecteurs de la police de l'Oregon, Jim Van Atta et Mike Wilson, la jugèrent eux aussi en trop bonne forme physique et morale. À leur avis, elle aurait dû être défigurée si elle avait été agressée, comme elle le prétendait, par un homme pesant cinquante kilos de plus qu'elle !

Liysa resta de marbre lorsqu'ils lui annoncèrent que son mari était mort. Peut-être à cause du choc, ou bien parce qu'elle était douée d'un sang-froid peu commun ? Un sang-froid qu'elle faillit bien perdre lorsque les policiers lui lurent ses droits, puisqu'elle demanda aussitôt à s'entretenir avec un avocat. L'interrogatoire était terminé. Liysa autorisa néanmoins Jim Van Atta à photographier ses blessures.

De toute évidence, elle ne s'attendait pas à être arrêtée. Abasourdie, elle demanda à son frère de s'occuper de Papako et de Bjorn en attendant sa sortie, laquelle ne saurait tarder...

À Dick Bobbitt, avec qui elle était restée seule quelques minutes pendant que les enquêteurs organisaient son transfert, elle confia :

– Mes enfants son en sécurité maintenant.

– Vos enfants, et vous aussi, Liysa... répondit-il.

Encadrés par leur oncle Tor et leur grand-père maternel, tout juste arrivé sur les lieux, les deux petits garçons regardèrent leur mère monter à bord de la voiture banalisée qui allait la conduire à la prison du comté d'Union, à Pendleton. Leur univers se désagrégeait. Et si Papako avait encore un papa qui l'aimait à Hawaii, Bjorn avait perdu le sien : la dépouille de Chris attendait le bistouri du médecin légiste.

Ce fut l'infirmière Patty Gallaher que le shérif Ron Jett souhaita entendre la première. Fine observatrice, cette femme directe avait relevé un certain nombre d'incohérences dans le compte-rendu de Liysa :

– Votre adjoint, M. Larkin, a cherché par tous les moyens à lui faire dire ce qui avait déclenché la dispute, mais elle s'est obstinée à répéter la succession d'événements qui avait abouti à son geste. Elle n'avait pas de montre, et pourtant elle savait exactement combien de minutes s'étaient écoulées entre les différents événements. C'était bizarre. Je veux dire... Ce type, il la bat depuis déjà pas mal d'années, je suppose... Et tout de suite, il menace le bébé... « Le bébé », c'est comme ça qu'elle disait, elle ne l'a pas une seule fois appelé par son nom. Il menace *le bébé* d'un couteau. Alors elle prend *le bébé* dans ses bras, monte dans sa voiture et va se promener pendant vingt minutes. Ensuite elle revient ! À sa place, je serais partie sans me retourner.

Patty Gallaher s'étonnait aussi que Liysa n'ait pas eu l'air de savoir ce que buvait son mari dans le fameux gobelet rouge :

– Elle l'a qualifié de « peut-être soûl » à « ivre mort » très vite, sans même l'avoir vu boire... Elle a dit que le sac de couchage était en travers du sentier menant à son véhicule. Quand elle a voulu passer, il est sorti du sac nu comme un ver, l'a saisie à la gorge et jetée à terre pour l'étrangler, puis il l'a relâchée. Ensuite, son Explorer était fermé à clé (par lui, on suppose), mais il ignorait qu'elle avait caché une clé de rechange. Bon, mais elle revient vers la tente où dort « le bébé ». Quand elle regarde au-dehors, elle le voit étalé sur le sable, toujours nu comme un ver. Alors, là, je ne comprends plus. Elle a une réaction absurde. Elle dit qu'elle l'a aidé à se remettre dans son duvet, alors qu'elle vient de nous affirmer qu'il est tellement fort et violent qu'elle ne peut même pas se défendre...

Patty Gallaher savait comment elle aurait agi, elle, en pareilles circonstances :

– Ni une ni deux : j'aurais pris mon bébé sous le bras et pris mes jambes à mon cou. Si ce type était vraiment assommé par l'alcool et la drogue, je me serais dit qu'il lui faudrait un moment pour récupérer. Je ne me suis pas privée de le dire à Mme Northon.

D'après Patty Gallaher, Liysa n'avait pas eu l'air de comprendre.

Chapitre 24

Le 10 octobre, de bonne heure, les inspecteurs et les techniciens de la police scientifique se retrouvèrent sur le lieu du crime. Une fois qu'ils eurent photographié le site sous tous les angles, les effets du couple furent chargés à l'arrière du 4 × 4 de Chris, remorqué par une dépanneuse jusqu'au dépôt du comté.

À 11 h 27, toute trace de la présence des Northon avait disparu du terrain de camping.

Le Dr Khalil Helou monta de La Grande pour procéder à l'autopsie de Chris Northon, dont le corps reposait aux pompes funèbres Bollman. Il officia en présence du médecin légiste du comté de Wallowa, le Dr Lowell Euhus, des enquêteurs Pat Montgomery et Matt Cross, et de Jeff Dovci, de la police scientifique de l'Oregon.

Le Dr Helou commença par détacher le sac de couchage du corps avec mille précautions. Chris Northon était couché sur le côté gauche, pétrifié par la raideur cadavérique, dans la position où il se trouvait au moment de sa mort. Une couleur violet foncé imprégnait son corps là où le sang s'était déposé après que le cœur eut cessé de battre. Chris avait les deux mains repliées sous son menton, comme s'il dormait au moment où on lui avait tiré dessus.

Il était nu, le corps enduit d'une mince pellicule de sable. Son corps présentait quelques hématomes : sur l'épaule droite, les deux genoux, les tibias. Une éraflure profonde et récente traçait un sillon à côté du petit orteil de son pied gauche. Il avait les yeux tuméfiés, ce qui n'avait rien d'étonnant après les ravages opérés par la balle dans son cerveau.

Plusieurs égratignures verticales au-dessus du mamelon gauche évoquaient des marques de griffures. Mais elles étaient curieuses. On aurait presque dit des traces de brûlures. Les mains ne portaient aucune marque, et ses ongles étaient intacts, ce qui était étonnant s'il avait attaqué sa femme.

La cause de la mort était sans conteste l'impact de la balle. Elle avait pénétré dans sa boîte crânienne devant l'oreille droite pour suivre une trajectoire légèrement oblique vers le haut à travers le lobe temporal. Le cerveau avait été pulvérisé tandis que la balle sectionnait le tronc cérébral et ressortait juste au-dessus de l'oreille gauche.

– La mort a été instantanée, dicta le Dr Helou.

Grâce au médecin, qui progressait dans l'autopsie, les inspecteurs établissaient des comparaisons entre la déposition de Liysa et les éléments recueillis. Chris était désormais réduit à l'état de témoin silencieux, mais certains silences sont éloquents...

Aucune trace de poudre n'était visible autour de l'orifice d'entrée de la balle : cela signifiait que Liysa devait se tenir à plus d'un mètre vingt quand elle avait tiré. Jusqu'ici, cela correspondait à ses dires, puisqu'elle affirmait avoir tiré à deux mètres au moins.

D'après Liysa, se souvint Montgomery, elle s'était ruée vers le raidillon avec le bébé serré contre elle et avait tiré à l'aveuglette dans le noir. Le problème, c'est qu'ils avaient retrouvé Chris tout près des deux troncs d'arbre qui marquaient la frontière avec la pelouse et non, comme elle le prétendait, en travers du sentier afin d'en bloquer le passage. On pouvait dès lors se poser la question suivante : d'où avait-elle tiré ?

Si Chris dormait couché sur le flanc gauche, le dos tourné au sentier, Liysa devait avoir opéré à la verticale, au-dessus de lui, en tirant vers le bas... Mais comment avait-elle atteint l'avant de son oreille droite ? Admettons que Chris était couché sur le dos et qu'elle s'était déjà engagée sur le raidillon : la balle aurait atteint le côté gauche de sa tête.

Jeff Dovci arriva à la conclusion suivante :

– La façon la plus logique de tirer dans la tête de quelqu'un étendu par terre, c'est par-derrière.

Le tireur devait donc se placer derrière la victime et, pour que la trajectoire de la balle fût conforme à la plaie, en haut, peut-être même debout, juste à côté du corps. Dans ce cas, fallait-il ajouter foi à la thèse de l'accident ?

Par ailleurs, l'autopsie révéla que cet homme encore jeune, en parfaite forme physique, au cœur et aux poumons impeccables, présentait néanmoins une thyroïde anormalement grosse et un ulcère gastrique. De plus amples analyses diagnostiquèrent une hypothyroïdie bénigne, appelée maladie de Hashimoto, d'origine héréditaire. Les parents de Chris confirmèrent qu'ils souffraient depuis toujours de dysfonctionnements de cette glande. Quant à l'ulcère, causé par une bactérie, il pouvait avoir été favorisé par le stress.

L'estomac de Chris était vide. Liysa avait pourtant affirmé qu'ils avaient dîné, mais elle ne se rappelait plus à quelle heure. Elle avait aussi précisé que Chris avait bu quantité de vodka et pris des pilules.

Des prélèvements de liquides biologiques (sang, urine, etc.) furent acheminés vers un laboratoire spécialisé de Pennsylvanie. Détecter les traces de drogues et d'alcool prend toujours un certain temps.

Les premiers jours qui suivirent la mort de Chris s'écoulèrent avec une lenteur infinie. Le mardi 10 octobre, Pat Montgomery téléphona au domicile de Dick et Jeanne Northon. Pour un policier, interroger des parents éplorés est une épreuve. Et pour avoir perdu un fils à cause d'un assassin, l'inspecteur Pat Montgomery était plus sensible que quiconque à la douleur des Northon.

Bouleversés, Dick et Jeanne s'évertuèrent à aider l'enquêteur à mieux appréhender la situation, même si eux-mêmes étaient bien en peine de comprendre comment ce drame avait pu se produire. Dick commença par récapituler des faits bruts, neutres.

– Chris et Liysa étaient mariés depuis cinq ans, environ... Chris ne parle jamais... ne parlait jamais de ses soucis personnels, mais s'il y avait des dissensions dans ce mariage, elles provenaient des deux parties.

Chris était-il un homme violent ? demanda le policier.

– Ça, jamais ! s'exclama son père.

Déjà les Northon étaient assaillis de coups de téléphone provenant des amis de Chris à Bend. Les autres, éparpillés dans le monde entier, ne s'étaient pas manifestés, la nouvelle ne leur étant pas encore parvenue. Tous avaient accueilli avec un scepticisme indigné le fait que Liysa ait pu agir afin de se défendre d'une agression physique.

– D'après ce que j'en sais, ni Chris ni Liysa ne possédait de revolver, précisa Dick, visiblement troublé.

– Nous procédons à des vérifications à ce sujet, répondit Montgomery.

Avec les parents de Chris, Ellen Duveaux fut l'un des premiers témoins interrogés au cours de l'enquête. Car si d'aucuns pensaient qu'en pleine campagne, l'affaire ne serait pas traitée avec le plus grand sérieux, ils se trompaient. Tous les moyens furent mis en œuvre au niveau du comté comme de l'État pour résoudre l'énigme de la mort de Chris.

Ellen Duveaux fut entendue à son domicile par l'inspecteur Jim Van Atta en présence d'un deuxième policier, Mike Wilson. Manifestement, Ellen était dévouée corps et âme à Liysa et croyait tout le mal que son amie lui disait de Chris. Le vendredi 4 octobre, Chris lui avait téléphoné vers 14 heures pour lui annoncer que Liysa venait de partir, un peu en retard.

Trouvant dans ce coup de téléphone l'occasion d'aborder le sujet qui la préoccupait et de venir en aide à son amie, Ellen lui demanda comment il envisageait sa « relation » avec Liysa et s'il l'aimait vraiment. Un long silence s'ensuivit. Elle insista :

– Si tu n'aimes pas Liysa, pourquoi ne la laisses-tu pas partir ?

Chris répondit alors :

– Mes parents sont mariés depuis cinquante ans. Une fois marié, on le reste.

Ellen l'invita à passer le week-end chez elle, au chaud, au lieu d'aller camper dans l'air glacé de la montagne.

– Je supporte très bien le froid, c'est mon sang scandinave.

À ces mots, rapportés par Ellen, les deux enquêteurs échangèrent un regard. Pour se mêler à ce point de ce qui ne la regardait pas, Ellen était soit très indiscrète, soit très naïve.

Une chose était sûre : Liysa, Papako, Bjorn et leur chien étaient arrivés chez les Duveaux le vendredi 6 octobre vers 21 heures. Le lendemain, Liysa et Bjorn étaient allés rejoindre Chris. Enfin, Liysa avait reparu chez Ellen le lundi matin.

L'entretien du shérif Ron Jett avec le petit Papako Mattson, en présence d'Ellen et François Duveaux, fut enregistré. À l'issue d'une suite de questions sans rapport avec l'enquête, mais auxquelles l'enfant répondit de manière intelligente, le shérif lui demanda si sa mère et son beau-père se disputaient quelquefois.

– Souvent, confirma le petit garçon.

– Que faisait-il dans ces cas-là ?

– Je me souviens qu'une fois il l'a poussée de la voiture...

– À l'arrêt ?

– Non, elle roulait.

Papako ne se rappelait pas les circonstances. Il répétait mot pour mot ce que Liysa lui disait sur Chris.

– Il a dit qu'il brûlerait la maison et nous tuerait tous.

D'après Papako, Chris buvait beaucoup. Mais il n'était pas sûr de ce que représentait ce « beaucoup ». Sa mère lui avait dit que Chris prenait des pilules.

– Tu l'as vu avaler des comprimés ?

– Non.

– Mais tu l'as vu soûl ?

– Oui.

Papako précisa que sa mère lui avait ordonné d'emmener Bjorn dans une autre pièce quand elle et Chris se disputaient.

Il raconta volontiers comment il avait vécu ce lundi matin, au moment où sa mère était rentrée du camping. Il dormait quand elle était arrivée chez Ellen.

– Elle m'a raconté ce qui s'était passé.
– Qu'a-t-elle dit ?
– Qu'elle avait tiré sur Chris.
– T'a-t-elle expliqué pourquoi ?
– Il voulait la noyer. Il s'est endormi au bord de la rivière et elle l'a... elle l'a traîné jusqu'à la tente et là... là il s'est mis à lui taper dessus.
– C'est elle qui l'a traîné ?
– Oui, parce qu'il s'était endormi au bord de la rivière.
– A-t-elle dit autre chose sur ce qui s'était passé à ce moment-là ?
– Non.
– Tu as remarqué si elle s'était fait mal ?
– Il y avait des cailloux collés à ses mains et à ses genoux.

Papako ajouta que sa mère avait l'air « hyper triste » en lui annonçant qu'elle avait tiré sur son beau-père.

Papako étant beaucoup plus proche de sa mère que la majorité des enfants de son âge, se contentait-il de répéter ses propos sans réfléchir ou donnait-il sincèrement son opinion ? Cette question devait obséder les enquêteurs pendant des mois et des mois.

À l'heure où Papako s'entretenait avec le policier, son père, Nick Mattson, avait pris le premier avion en direction de l'Oregon. Il comptait ramener l'enfant avec lui à Hawaii. Il vivait à présent dans une maison minuscule avec sa deuxième épouse, Lora Lee, et leur bébé ; aussi Papako ne serait-il pas privé de la chaleur d'un foyer. En revanche, personne ne savait ce qu'il allait advenir de Bjorn : Liysa préférait que son fils soit transbahuté d'amis en cousins plutôt que de le confier aux bons soins des parents de Chris.

Chapitre 25

De même que Chris avait eu deux ports d'attache, l'Oregon et Hawaii, on organisa deux cérémonies de funérailles en son honneur. Les premières eurent lieu le 17 octobre 2000, à l'auberge de John et Eva Gill. Ses amis étaient venus en nombre étoffer les rangs de la famille : Dave et Debbie Story, Arne Arnesen, des pilotes, des amis d'enfance comme Buck Zink, et bien d'autres.

Le long des murs en pin noueux et autour du foyer en pierre, partout dans cette pièce que Chris aimait tant, on avait disposé des modèles réduits de tous les avions qu'il avait pilotés. Quatre immenses agrandissements photographiques dominaient la pièce. Le portrait en gros plan du pilote avec sa casquette – celle-ci étant à présent posée sur le cadre de la photo. Chris à ski avec Bjorn sur les épaules. Chris et Bjorn riant. Et enfin, prise par son père, la photo de Chris souriant, accroupi sur un rocher. Un curieux phénomène de réfraction de la lumière dans l'objectif dessinait une croix – ou une épée – au-dessus de sa tête.

Dave Story, que ses fonctions de pasteur avaient pourtant aguerri à la prise de parole en public, parvint à peine à prononcer son éloge funèbre à travers ses pleurs. Arne Arnesen lui succéda devant le lutrin. Il loua la faculté de son ami à « faire tout ce qu'il avait à faire et, en plus, à prendre le temps de vivre ! Il m'a appris à ne jamais remettre à demain les occasions de me sentir vivant ».

Buck Zink, avec qui Chris avait jadis fait les quatre cents coups, déclara :

– Je pensais que Chris serait toujours là...

La joie de vivre de Chris était au cœur de chaque témoignage. Dave Story se souvint de la dernière conversation qu'ils eurent ensemble :

– C'était pendant une de ses escales à Honolulu, huit ou neuf jours avant qu'il ne soit tué... Au bord de la piscine, avec une bière, nous avons évoqué les pilotes qui avaient quitté la compagnie. Certains avaient pris leur retraite, d'autres étaient tombés malades, d'autres étaient morts. Chris m'a dit : « Ça peut nous arriver sans prévenir ! » Je pense sans cesse à cette petite phrase en me demandant si, d'une façon ou d'une autre, il savait.

La cérémonie se conclut par des chants religieux et hawaiiens, chers au cœur du défunt.

Les cendres avaient été divisées en deux. Une partie fut répandue depuis un avion de tourisme au-dessus des montagnes de l'Oregon que son père et lui arpentaient si souvent. Le reste partit à Hawaii. À bord d'un vieux biplan, son ami et collègue Warren Kitchell se dirigea vers les plages blondes de Kailua. Comme de gros nuages s'amoncelaient à l'horizon, Kitchell décida de rebrousser chemin quand le soleil fit une brusque apparition, accompagné d'un arc-en-ciel qui surgit au-dessus des rouleaux où surfaient Dan Jones et de nombreux amis de Chris. Kitchell lâcha les cendres, qui descendirent se mêler à l'écume des vagues de l'océan.

Tous les amis de Chris adressèrent à Bjorn des lettres de condoléances, qu'il lirait quand il serait plus grand.

La vie de Chris ici-bas était révolue. Il incombait désormais aux enquêteurs d'en éclaircir les derniers instants. Ils n'étaient pas au bout de leurs peines.

Il s'était produit, avant les obsèques, un incident qui allait contribuer à faire avancer l'enquête.

Les parents de Chris avaient prié Dave Story et sa femme de récupérer au domicile hawaiien de leur fils les photographies qu'ils comptaient exposer lors des funérailles ainsi que tout document relatif au contrat de mariage de Chris avec Liysa. Bref, les Story avaient pour mission de faire main basse sur tous les papiers personnels du défunt.

Les Story, qui veillaient sur la maison de Chris et Liysa lorsque ces derniers s'absentaient, s'introduisirent par la véranda, dont la porte restait toujours ouverte, la porte d'entrée sur la rue étant verrouillée. Alors qu'elle cherchait les photos, Debbie tomba sur un sac en toile noir et violet qui traînait sur une étagère au milieu des effets de Chris. À l'intérieur, cinq cahiers à spirale, aux pages noircies par l'écriture de Liysa.

Quand elle déchiffra çà et là des passages, le cœur de Debbie Story se serra. Chris avait-il jamais soupçonné à quel point sa femme le détestait ?

– Dave, murmura-t-elle, je crois que ce que je tiens là va beaucoup intéresser la police.

Debbie ignorait que sa trouvaille n'aurait pu servir de pièce à conviction si son mari et elle avaient agi sur l'ordre ou même sur la suggestion de la police : une preuve obtenue lors d'une fouille sans mandat n'est pas admissible au regard de la loi.

Ce que Debbie savait, en revanche, c'était que Liysa mentait quand elle prétendait que Chris la battait. Debbie était masseuse, elle connaissait le corps de Liysa. Cette dernière avait une peau sensible, qui marquait facilement. Il suffisait qu'elle se cogne ou que Chris la tienne un peu fermement par les bras quand elle piquait une crise de nerfs – scène à laquelle Debbie avait une fois assisté –, pour que se forment aussitôt des hématomes.

Debbie fourra les cahiers à spirale dans ses bagages. Elle les remettrait à Dick...

La maison de Bend était vide, elle aussi. Dick, qui s'en occupait en l'absence du couple, s'y rendit pour chercher le carnet d'adresses de son fils (afin de prévenir ses amis et de les convier aux funérailles) et retrouver son testament pour connaître les dispositions prises au sujet de Bjorn. Dick trouva le répertoire, mais pas de testament.

Quelques jours plus tard, en compagnie des Story et des Arnesen, il retourna à la maison de Bend afin de déménager les affaires de son fils dans le garage ; tout le monde à Bend, y compris les cambrioleurs, était au courant de la tragédie qui avait fait la une des journaux.

Dick et Jeanne avaient eu la surprise de recevoir un courrier du père de Liysa, Wayland DeWitt, leur interdisant de vendre, entre autres, le piano de Chris, qui devait revenir à Bjorn. Comme si Dick et Jeanne songeaient à vendre le moindre bien de leur fils ! Mais ils étaient troublés par le ton adopté par Wayland, manifestement aux ordres de sa fille.

Arne et Dave venaient de terminer d'emballer d'autres carnets, documents et effets personnels de Chris, tandis que Debbie et Carrie nettoyaient le réfrigérateur préalablement vidé des mets avariés, quand un énorme camion de location se gara devant la maison. En surgirent quatre personnes, amenées par le frère de Liysa, Tor ; celui-ci déclara que la police l'autorisait à emporter tout ce qu'elle réclamait.

Dave téléphona aussitôt à Dick Northon, lequel ne tarda pas à stationner sa voiture en travers de l'allée, bloquant le passage au camion de déménagement. Pour les amis et proches de Chris, l'irruption de Tor était du plus mauvais goût et frisait le pillage. Dick, hors de lui, préféra ravaler sa colère et désigner des objets que Tor DeWitt pouvait emporter. Ignorant ses suggestions, Tor et ses compagnons embarquèrent le lave-linge et le sèche-linge, tous deux neufs. Hormis le piano à queue de Chris, ils finirent par emporter tous les objets de valeur, sans oublier des livres, des photographies, des petits souvenirs. Liysa avait affirmé que tout lui appartenait désormais.

Dick n'arrivait pas à croire que la police ait donné son feu vert au frère de Liysa pour dévaliser la maison de son fils, alors que Pat Montgomery lui avait recommandé d'éviter si possible d'entrer dans la maison et en tout cas de ne rien prendre, de peur de supprimer un indice susceptible d'aider l'enquête. Dick n'avait suivi la recommandation qu'à moitié, puisqu'il avait transféré certaines choses dans le garage, pour les mettre à l'abri...

Quelque temps après, Dick s'entendit dire par Pat Montgomery :

– Je vous avais prévenu de ne pas mettre les pieds dans la maison ! Il aurait mieux valu que vous n'ayez pas été là, Arne et vous.

Dick hocha la tête d'un air penaud, puis tendit au policier un carton contenant un Dictaphone Olympus avec sa cassette, ainsi que les cinq cahiers à spirale découverts à Hawaii par les Story. Ils rejoignirent sur les étagères du poste de police les courriers et les journaux que Liysa avait laissés à Bend. À présent, les pensées secrètes de Liysa étaient en possession des enquêteurs.

La teneur de ces journaux et de cette correspondance n'allait pas cesser d'intriguer le district attorney Dan Ousley, Pat Montgomery et Matt Cross : ils n'avaient pas encore croisé de suspect ayant consigné par écrit ses moindres faits et gestes. Ils se rendirent à l'évidence : ce n'était pas un cas classique de légitime défense et il faudrait entendre quantité de témoins.

De nombreux éléments ne collaient pas... Pourquoi Liysa avait-elle roulé aussi loin avant de réclamer de l'aide ? Montgomery avait vu une cabine téléphonique au hameau de Lostine, là où la rivière croisait la grand-rue. Liysa aurait pu appeler une ambulance ou le bureau du shérif. De plus, elle avait le téléphone portable de son mari ! Et Enterprise, le chef-lieu du comté, n'était qu'à quinze kilomètres...

De part et d'autre du Pacifique, avant même les funérailles de Chris, il se produisit parmi les amies et les relations de Liysa une levée de boucliers. On se mobilisa pour créer un comité de soutien. Une de ses anciennes camarades de lycée qui appartenait à la direction du YWCA de Walla Walla lança une pétition en faveur de l'incarcérée – une femme fragile, seule, au courage extraordinaire, qui avait affronté un psychopathe pour protéger ses enfants.

La rumeur allait bon train, et un appel à la mobilisation circula bientôt :

> ## LIYSA A BESOIN DE VOUS
>
> Le lundi 9 octobre 2000, Liysa a tiré sur son mari, Chris, après qu'il l'a rouée de coups. Liysa a été incarcérée à la prison du comté d'Union pour suspicion de meurtre.
> Vous savez peut-être quels tourments elle endure depuis des années entre les mains de Chris.
> Liysa a besoin de votre soutien sous forme de cartes et de lettres.
> Tout ce que vous nous enverrez sera utile. Veillez à indiquer sur l'enveloppe vos nom et adresse.
> Les contributions financières pour la défense de Liysa sont à envoyer à :
>
> Association pour la défense de Liysa A. Northon
> American West Bank
> P.O. Box 1598
> Walla Walla, WA 99362
>
> Merci de votre soutien et de votre prise de position contre les violences conjugales.

Le tract était signé : « Sharon Fisher, la maman de Liysa, et Cathy/Dick Cook ». Un post-scriptum suggérait aux sympathisantes de le diffuser par e-mail au plus grand nombre.

Chapitre 26

Le 11 octobre, la demande de mise en liberté sous caution de Liysa fut examinée. Le juge Philip Mendiguren n'était pas présent à l'audience ; néanmoins, il communiqua sa décision par téléphone depuis le palais de justice de La Grande. Liysa plaida non coupable, mais le juge Mendiguren lui refusa la libération sous caution, à la grande déception de Liysa, de sa famille et des bénévoles du refuge Safe Harbor pour femmes battues.

Liysa ne s'était pas encore remise de sa stupeur d'avoir été incarcérée. Une gardienne de la prison d'Union relate :

– Liysa en arrivant chez nous avait l'air paniquée, mais c'est normal la première fois. Non, je ne l'ai pas trouvée vulnérable ni angoissée, plutôt calme en fait, sûre d'elle, même si elle était très nerveuse.

Aussi bien le personnel que ses codétenues furent frappées par l'intelligence de la jeune femme et par l'amour qu'elle exprimait pour ses enfants. D'après la même gardienne, Liysa se révéla « une des meilleures détenues de ma carrière. Elle ne se plaignait jamais. Je n'avais jamais vu quelqu'un écrire tous les jours à ses enfants, des longues lettres, parfois vingt pages ».

La personnalité de Liysa ne lui paraissait toutefois pas cadrer avec celle d'une femme battue. Elle en avait vu des centaines défiler dans cette prison, et toutes sans exception « parlaient de l'homme dont elles avaient été amoureuses, ou qu'elles aimaient encore. Liysa, elle, n'évoquait jamais ses moments de bonheur avec Chris Northon. Pour ma part, je ne pense pas qu'elle l'ait jamais aimé ; elle l'a épousé par intérêt. Mais c'est mon opinion »...

D'après le témoignage d'autres détenues, Liysa évoquait avec tendresse son ex-mari Nick, mais de Chris elle ne dressait qu'un portrait noir.

Nick Mattson fut interrogé le 16 octobre par les enquêteurs Matt Cross et Pat Montgomery. Il expliqua que Liysa lui avait confié que Chris l'avait battue dès leur nuit de noces. Au cours des années qui suivirent, elle se plaignit souvent de mauvais traitements.

– J'ai l'impression que Liysa l'aurait quitté depuis longtemps si elle n'avait craint de perdre un de ses enfants.

Certes, Nick trouvait Chris « tout à fait sympathique », mais il se demandait parfois s'il ne se montrait pas dur avec Papako. Pourtant, il avait téléphoné à Dick et Jeanne Northon le 16 octobre pour leur annoncer que Papako voulait assister aux funérailles de Chris parce qu'il aimait beaucoup son beau-père. Liysa ayant mis son veto, Papako n'y alla pas.

En milieu carcéral, Liysa se constitua vite un groupe d'admiratrices. Son charme opérait autant derrière les barreaux qu'au bord de la piscine à Hawaii. Mais cette fois, ses groupies étaient des femmes qui avaient traversé les pires galères, à la fois coupables de délits et victimes de viols, de prostitution, d'esclavage sexuel... Certaines s'étaient laissé persuader de commettre des attaques à main armée ou même des meurtres, quand elles n'en avaient pas été les instigatrices...

Une jeune femme, incarcérée un jour avant Liysa, remarqua que cette dernière avait écrit quelque chose sur la paume de sa main : « Tiens ta langue. » Liysa lui expliqua qu'elle ne voulait pas oublier les conseils de son avocat.

– Mais elle parlait quand même à tout le monde, signala son ancienne compagne de cellule. Elle m'a raconté que son mari surveillait toujours l'heure à laquelle elle rentrait à la maison et qu'il l'accusait de le tromper. Elle m'a dit qu'il lui avait tenu la tête sous l'eau et qu'elle lui avait tiré dessus pour se sauver.... Ça lui a fait un choc d'apprendre que son mari était mort, mais elle n'a pas eu l'air triste.... Elle m'a dit que c'était bizarre comment d'une seconde à l'autre votre vie peut basculer...

Les femmes des anciens amis de Chris lui écrivaient moins par amitié que par curiosité : comment avait-elle pu commettre un tel geste ? Mais elles prenaient grand soin de ne pas la contrarier, soucieuses qu'elles étaient du devenir de Papako et de Bjorn. Toutes étaient prêtes à recueillir les petits garçons chez elles, et elles n'étaient pas les seules puisque les membres du cercle de Liysa se proposaient aussi de veiller à leur bien-être.

Papako était le mieux loti des deux, puisqu'il habitait avec son père. Mais Bjorn ? Pour l'heure, Marni Clark s'occupait de lui, en attendant la décision de Liysa ; celle-ci méprisait les sœurs de Chris, et il n'était pas question de le confier aux parents Northon. Plusieurs couples se manifestèrent pour accueillir le petit chez eux : Eva et John Gill, Joe et Maggie Wilson, Dave et Debbie Story. En fin de compte, Liysa porta son choix sur Cal et Kit Minton. Ils vivaient à Kailua, et Kit était très proche de Liysa, convaincue qu'elle avait traversé l'enfer ; Cal était pilote, comme Chris.

Quand Liysa eut rempli les papiers confiant officiellement la garde de Bjorn aux Minton, son frère Tor emmena l'enfant à Hawaii. Peu après, John et Eva Gill rendirent visite aux Minton pour voir Bjorn. Eva écrivit à Liysa, qui lui répondit en la remerciant d'avoir pensé à elle.

Liysa, de sa cellule, écrivit entre autres à Eva, à Maggie Wilson et à Phil Hetz, son ex-beau-frère. À tous, elle disait qu'ils ne s'étaient pas rendu compte que Chris avait une double personnalité « à la Dr Jekyll et Mr Hyde ». À Eva, elle raconta qu'une nuit elle l'avait retrouvé affalé ivre mort devant son ordinateur. Et quelle n'avait pas été sa consternation de voir sur son écran une image pornographique ! En cherchant un peu, elle avait mis au jour une mine de photos pornos, homosexuelles et pédophiles... Aussi soupçonnait-elle que le vol de ses ordinateurs avait été organisé par Chris lui-même ! Il l'avait punie en la privant de tous ses fichiers. Des mois de travail partis en fumée !

Les Gill n'étaient pas dupes. Mais ils se gardèrent bien de protester : Liysa, même en prison, tirait encore les fils d'un trop grand nombre d'existences.

Liysa engagea l'un des meilleurs avocats de l'Oregon, M° Pat Birmingham, assisté de M° Wayne Mackeson.

Pat Birmingham avait son cabinet à Portland, à près de cinq cents kilomètres du lieu de détention de sa cliente. Et ce ténor du barreau n'exerçait pas bénévolement. Il proposa à Liysa de régler ses honoraires de la manière suivante : soit contre une somme forfaitaire de 100 000 dollars, soit au compteur à raison de 200 dollars l'heure, sachant que cela ne comprenait ni les frais de déplacement des témoins à décharge jusqu'à la petite ville d'Enterprise, ni la consultation d'experts. Comparés aux tarifs pratiqués par ses confrères les plus en vue, ceux de M° Birmingham étaient presque raisonnables, mais ils représentaient beaucoup d'argent pour Liysa. Elle qui avait tant rêvé de posséder un empire immobilier se résigna à vendre sa maison de Kailua.

La version de la mort de Chris qu'elle proposa à son avocat différa légèrement de celle enregistrée par Dick Bobbitt et Kevin Larkin. Dans cette dernière mouture, Liysa passait toujours en courant à côté du sac de couchage mais n'avait plus Bjorn dans les bras : il dormait dans la tente, à poings fermés parce qu'elle lui avait donné du sirop contre la toux. En outre, elle tenait d'une main la pochette avec les balles et tirait de l'autre.

— Je n'avais pas l'intention de toucher Chris, déclarait-elle.

Elle lui hurlait qu'elle allait partir avec le bébé et allait chercher Bjorn sous la tente. Elle ne songeait plus qu'à foncer droit chez Ellen Duveaux. Ensuite elle irait à la police porter plainte contre Chris pour coups et blessures.

Birmingham consulta des spécialistes et étudia la jurisprudence, afin d'évaluer l'efficacité d'une défense fondée sur le « syndrome de la femme battue ». Peu d'accusées obtenaient l'acquittement en recourant à cette explication, même si l'accusation prenait en compte ce facteur afin de juger l'inculpée pour homicide involontaire et non plus pour meurtre.

La somme d'écrits de Liysa éclairerait-elle Me Birmingham sur les pistes à suivre ? L'avocat se plongea dans la lecture des papiers mis à sa disposition par l'État. Dans cet océan de textes intimes et romanesques, un thème se révéla récurrent. Une femme victime de violence conjugale rêve de tuer ou tue son mari. Seuls les moyens employés varient : coups de revolver dans la tempe, crâne fracassé par une pierre, électrocution dans un jacuzzi. Sachant que l'accusation y avait accès elle aussi, Me Birmingham se demandait dans quel sens ces documents seraient utilisés.

Me Birmingham et son assistant Me Mackeson demandèrent à Liysa si Chris avait une assurance vie. Non, répondit-elle. En réalité elle avait souscrit une police au nom de Chris, mais ils ne l'apprendraient que plus tard. Et elle balaierait leur indignation en précisant que cela ne comptait pas, puisque le seul bénéficiaire était Bjorn. En réalité, c'était elle, et elle s'acquittait elle-même des cotisations.

La défense de Liysa exigea une incroyable quantité de recherches ; Me Birmingham facturera 847 heures de préparation. Il exhorta sa cliente à coopérer davantage et à s'impliquer dans l'élaboration d'une stratégie. Liysa le prit au mot, et décida de chercher conseil et réconfort tout en dévoilant des pans entiers de sa défense à des gardiens, des proches, des infirmières, des psys et même des codétenues. Me Birmingham enrageait.

Lors d'une deuxième audience, les avocats de Liysa sollicitèrent de nouveau sa libération sous caution. Pour la deuxième fois, le juge refusa. Elle passa donc Noël en prison, loin de ses enfants. Nombre de gens la plaignaient.

Chapitre 27

Les multiples objets prélevés sur le terrain de camping où Chris avait trouvé la mort, dûment étiquetés et rangés par la police scientifique, évoquaient une banale promenade familiale en pleine nature : glacières, réchaud à gaz, cabas, matériel de pêche, chaussures de marche, couvertures... Le tableau champêtre était évidemment démenti par la présence du Taurus 85 et ses balles, et bien entendu par la balle retrouvée dans le sable sous le cadavre de Chris ainsi que par la lampe frontale trouvée sur le raidillon vers lequel Liysa disait avoir couru après avoir tiré sur Chris.

Avait-il fait si noir cette nuit-là ? Quatre jours après le 9 octobre, c'était la pleine lune...

Curieusement, les clés du 4 × 4 de Chris restaient introuvables... ainsi que son téléphone portable. Après avoir été passé au crible dans le laboratoire de la police scientifique, le 4 × 4 Suburban fut remis à son père.

Dick ne remarqua pas tout de suite que les techniciens y avaient laissé le matelas de mousse et la bâche qui, la nuit du drame, protégeaient le sac de couchage de son fils contre l'humidité. Dès qu'il vit les taches de sang séché, il s'empressa de les déposer au poste, accompagnant son macabre colis d'une cassette audio, trouvée elle aussi à l'arrière du véhicule. La chaîne de préservation des pièces à conviction avait bel et bien été rompue. Cela dit, celles-ci n'étaient pas trafiquées :

les deux trous qui les traversaient correspondaient à ceux relevés sur le sac de couchage.

Les entretiens avec les amis de Chris et Liysa n'éclairèrent guère plus les enquêteurs. Si les anciennes compagnes de Chris avaient confirmé qu'il s'était montré violent et tyrannique avec elles, l'affaire aurait été vite bouclée, et Liysa aurait pu plaider la légitime défense en toute tranquillité ; son procès était gagné d'avance. Or les ex de Chris affirmaient d'une seule voix qu'il avait été tendre et attentionné, et que jamais il n'aurait levé la main sur elles.

Les amis de Chris ne croyaient pas que Liysa avait tiré sur lui en proie à la panique. D'après eux, Chris adorait Bjorn et n'avait jamais touché à un cheveu de sa femme, ni d'aucune femme, d'ailleurs. Certes, ils savaient que le torchon brûlait entre Chris et Liysa, mais Chris avait jusqu'au bout caressé l'espoir que tout finirait par s'arranger.

Trois jours après le meurtre, l'enquêteur Pat Montgomery s'entretint avec Rob Ezell, un ancien camarade de lycée de la victime. Depuis le retour de Chris à Bend, ils allaient souvent à la pêche ensemble, parfois accompagnés de Bjorn.

– Elle était très jalouse, elle n'aimait pas le savoir avec ses amis. Quand nous téléphonions chez eux et que nous tombions sur elle, elle nous disait qu'elle transmettrait le message à Chris. Mais elle ne le faisait pas. Elle était très possessive.

Montgomery posa alors à Rob Ezell une question qu'il répéterait souvent au cours de l'enquête :

– Avez-vous jamais remarqué que Liysa avait des bleus ? Chris était-il coléreux ?

– Non. Au contraire, Chris était très flegmatique. Rien ne le mettait en rogne. Un jour, en voiture, un chauffard zigzaguait au milieu de la route devant nous. Eh bien, il s'est contenté de ralentir, en disant qu'il ne fallait pas s'affoler.

– Buvait-il beaucoup ?

– Il buvait ni plus ni moins que tout le monde, après une partie de pêche ; mais il n'était jamais soûl, et il n'avait pas l'alcool mauvais.

– Savez-vous s'il regardait des images pornos sur Internet ?

Rob écarquilla les yeux. Pour lui, c'était inimaginable. Il ajouta que Chris était un père très attentionné, extrêmement affectueux avec Bjorn et Papako.

– Quand on allait se promener ensemble au parc, c'était toujours Chris qui surveillait les enfants, et dès que l'un d'eux disparaissait de notre vue, il courait le chercher... Chris était un type vraiment sympa, et il n'aurait jamais rien fait pour provoquer un geste comme celui de Liysa !

– Quand l'avez-vous vu pour la dernière fois ?

– Il y a un mois, le jour de son anniversaire. Il dînait au restaurant avec Liysa et les enfants. Tout avait l'air de se passer très bien.

Pour les besoins de l'enquête, les policiers demandèrent aux vieux camarades de Chris de leur communiquer une liste de ses anciennes amies. Chris n'était pas du style à avoir « une fille dans chaque port », mais en vingt-deux ans de célibat il avait néanmoins collectionné les conquêtes. Il ne fut pas toujours commode de retrouver leur trace.

Katherine Wellington, une belle hôtesse de l'air, qui à l'époque travaillait pour Delta Airlines. Kelly Coffey, rencontrée en Australie, avec qui il était sorti de 1987 à 1990. Sabrina Tedford, Gay Bradshaw...

Sabrina sortait avec Chris quand il avait rencontré Liysa. Elle avait les larmes aux yeux en répondant aux questions de Montgomery.

– Nous étions sortis ensemble en 1989, dit-elle. Je le connaissais depuis vingt-six ans. Puis nous nous sommes retrouvés il y a six ans.

– Comment vous traitait-il ?

– Oh, il était adorable. Il aimait les femmes et les respectait.

– Buvait-il ?

– Peu. Je ne l'ai vu ivre qu'une fois, et il avait l'ivresse joyeuse. Il avait un tempérament flegmatique et ne se mettait jamais en colère.

– Quand l'avez-vous vu pour la dernière fois ?

– Il y a deux ans à Bend. Sa femme était à Hawaii pour deux semaines et il s'occupait de son fils, Bjorn.

Maggie Wilson, la femme de Joe, demanda elle-même à parler aux policiers :

– Liysa était obsédée par les anciennes maîtresses de Chris. J'ai essayé de la raisonner, mais dès le départ elle lui a cherché des poux. Elle me faisait jurer de ne surtout pas en parler à Chris et me racontait leurs disputes, à l'époque uniquement verbales. Elle voulait qu'il renonce à son mode de vie et cesse de pratiquer les loisirs qu'il aimait ; il répliquait qu'il l'avait prévenue avant leur mariage qu'il tenait à sa liberté de mouvement. Le problème, c'était qu'elle voulait le changer.

– Avez-vous remarqué si Liysa avait des bleus ?

– Jamais. Et pourtant, à Hawaii, on se voyait beaucoup sur la plage, en maillot de bain. Elle n'avait jamais de bleus.

À la question rituelle sur Chris et l'alcool, la réponse de Maggie fut la suivante :

– Quand Liysa nous a dit que Chris était alcoolique, nous sommes tombés des nues. Je l'avais vu boire quelques verres à des soirées, mais c'est tout. Je ne l'ai jamais vu soûl, et encore moins en colère. Quand il buvait, il avait sommeil. Les descriptions que Liysa nous faisait de Chris ne correspondaient pas à ce que nous savions de lui. Après, nous l'avons surveillé de près. Mais rien dans son comportement ne nous parut changé. En plus, il ne disait jamais du mal d'elle. Quand on la critiquait devant lui, il répondait toujours : « Elle traverse une mauvaise passe. »

Maggie rapporta à l'enquêteur un souvenir particulièrement pénible. Liysa et Papako avaient assisté avec Joe et elle à un mariage à Hawaii en l'absence de Chris, à l'époque en formation continue au Texas.

– Elle m'a parlé toute la nuit, avalant whisky sur whisky et me répétant que Chris était un « connard ». Le lendemain, elle m'a téléphoné pour dire que Chris l'avait appelée, que tout allait bien, et m'a demandé d'oublier ce qu'elle m'avait raconté... Pas une fois, même au début de leur histoire, elle

ne m'a dit qu'elle l'aimait. Et elle n'avait pas l'air heureuse avec lui. Elle ne lui trouvait de qualités qu'au lit.
- Le redoutait-elle ? interrogea Montgomery.
- Non, jamais je ne l'ai vue effrayée ; seulement furieuse.

Le point de vue des amies de Liysa se révéla diamétralement opposé à celui des amis de Chris. Mia Rose comptait parmi les plus récentes. Leurs enfants fréquentaient la même école privée à Bend. Mia et Billy, son ex-mari, dirigeaient une communauté religieuse. Billy, considérant que les fonctions de conseiller matrimonial faisaient partie de son ministère, rendit visite à Liysa à Hawaii au cours de l'été 2000. Liysa se lamenta sur son mariage, reprocha à Chris de freiner ses ambitions professionnelles.
- Pourquoi tu ne le quittes pas ? avait questionné Billy.
- Parce qu'il me tuerait. Un jour, il a cherché à m'étrangler. Mon père est si inquiet qu'il m'a donné un revolver.

Moins d'un mois avant la mort de Chris, Liysa confia à Mia qu'elle vivait dans la terreur. Elle regrettait d'avoir épousé Chris. Elle avait découvert trop tard qu'il battait déjà ses anciennes maîtresses. Pendant qu'elle racontait tout cela à Mia, Liysa pleurait et tremblait de peur à l'idée que Chris rentre à l'improviste et surprenne leur conversation. Mais sa plus grande peur, disait-elle toujours, c'était que Chris s'en prenne aux enfants.

Toujours d'après Mia, Liysa avait demandé conseil à un avocat, qui lui aurait donné le choix entre quitter le pays et tuer Chris en état de légitime défense.

Quand les Rose se proposèrent d'intervenir, de parler à Chris, elle les supplia de n'en rien faire.
- Je crois que Chris a des relations dans la police. Ils ne lui font jamais rien. Jamais ils ne voudraient m'aider, déclara-t-elle un jour à Mia.

Une autre fois, Liysa lui avait raconté que Chris lui enviait sa réussite professionnelle dans la photographie de surf. Il essayait de saboter son travail. Comme il ne supportait pas sa façon de s'habiller pendant les prises de vue, il avait été jusqu'à lui arracher son maillot. Tandis que Mia la contemplait d'un air consterné, Liysa avait tiré sur ses vêtements amples en disant :

– Pourquoi crois-tu que je porte des trucs aussi peu sexy ?

Autre incident rapporté par Mia : Chris aurait un jour agressé une hôtesse de l'air pendant un vol.

Quand elle parlait à Mia depuis la prison, Liysa répétait comme un mantra :

– Au moins, maintenant, mes fils sont en sécurité.

Mia savait que Liysa possédait un revolver et qu'elle comptait l'emporter au camping Maxwell, où elle s'était rendue à son corps défendant, forcée par son mari.

– Où rangeait-elle son revolver chez elle ? interrogea l'enquêteur.

– Dans le garage, là où Chris n'irait pas le chercher.

Apparemment, beaucoup de gens de son entourage, ses amis, sa famille, savaient Liysa armée. Mais personne n'avait eu l'idée d'alerter la police, alors que la situation était de toute évidence très grave.

Chapitre 28

Cinq semaines après la mort de Chris, l'élection d'un nouveau shérif dans le comté de Wallowa suspendit quelque temps l'enquête. Ron Jett ne briguant pas un second mandat, son adjoint Rich Stein, celui-là même qui avait trouvé le corps de Chris, présenta sa candidature mais fut battu par Fred Steen. Sur ces entrefaites, Matt Cross, qui avait dirigé l'enquête sur l'affaire Northon, donna sa démission.

De la vieille équipe, il ne restait plus guère que l'inspecteur Pat Montgomery de la police de l'Oregon, soutenu par le procureur Dan Ousley. Ils s'accordaient pour dire qu'il était encore trop tôt pour fixer la date du procès de Liysa Northon. L'enquête n'avait pas encore apporté un assez grand nombre d'éléments de preuve.

Dan Ousley s'était rendu au bureau du shérif pour se plonger dans le dossier. Voyant qu'il y avait encore beaucoup de personnes à interroger, il se résolut à demander au procureur général de l'État des hommes supplémentaires. Furent nommés un substitut du procureur, Steve Briggs, la trentaine studieuse, lequel à son tour engagea un enquêteur de la Criminelle, Dennis Dinsmore, de vingt ans son aîné.

Pour des raisons climatiques, le procès devait être repoussé au printemps : le manteau de neige qui recouvrait le camping Maxwell rendait impossible toute reconstitution des faits.

Pat Montgomery et Dennis Dinsmore, deux hommes endurcis par de nombreuses années d'expérience, formaient un tandem solide. Si le premier avait beaucoup travaillé en milieu carcéral et possédait une connaissance de première main pour tout ce qui touchait à la délinquance sexuelle, en particulier quand elle concernait les enfants, Dinsmore était conforme à l'idée qu'on se fait du fin limier. Ayant traqué les criminels plusieurs années d'affilée dans le comté de Coos, qui figure parmi les régions de l'Oregon affectées du taux le plus élevé d'homicides, Dinsmore était passé maître en matière d'interrogatoires de témoins de crimes de sang. Il avait aussi réussi à rattraper un bon nombre d'évadés de pénitenciers.

Engagé en 1994 par le procureur général de l'État en qualité d'investigateur, il portait une double casquette, traquant le crime organisé et assistant le parquet dans plusieurs comtés.

Dinsmore avait accroché au mur de son bureau une citation d'Ernest Hemingway :

Aucune chasse ne vaut la chasse à l'homme, et pour ceux qui ont traqué assez longtemps des hommes armés et y ont pris goût, il n'y a pas de retour en arrière.

En l'occurrence, ils traquaient une « femme armée ».

Chapitre 29

En proie à une grande fébrilité, Liysa préparait sa défense. La vente de sa maison de Lanipo Street, qui devait lui permettre de régler les honoraires de son avocat, était sur le point de se conclure. Nick Mattson, son ex-mari, s'était porté acquéreur, pour la somme de 700 000 dollars. Il achetait la même maison pour la deuxième fois, une maison où il avait à peine vécu puisque Liysa avait demandé le divorce peu de temps après leur emménagement, alors qu'il était en tournage à l'étranger. Liysa se plaignit qu'il la volait de 100 000 dollars.

De sa cellule, Liysa adressait à ses amis et connaissances une abondante correspondance, sans se soucier que le courrier soit lu par l'administration carcérale. Seules les lettres adressées à son avocat, soit le courrier de nature juridique, étaient considérées comme confidentielles. Pendant cette période du procès Liysa envoya 545 pages à Me Birmingham.

Elle prévoyait de témoigner à la barre, initiative qui a toujours l'heur de déplaire aux avocats. Me Birmingham tout comme Me Mackeson lui assurèrent que ses déclarations aux enquêteurs Dick Bobbitt et Kevin Larkin suffisaient amplement et qu'il serait plus avisé d'éviter de comparaître au box des témoins, où elle serait livrée au ministère public, qui la soumettrait à un contre-interrogatoire impitoyable. Mais Liysa n'était pas une cliente accommodante. Quand elle avait une idée en tête, rien ne pouvait l'en détourner.

En revanche ses avocats se montrèrent intraitables sur un point : elle devait leur dire toute la vérité. Rien n'est pire pour la défense qu'un témoignage surprise qui vient déboulonner l'édifice d'une argumentation en cours de procès.

Liysa jura qu'elle ne leur cachait rien.

Du côté de l'enquête, l'un des entretiens les plus fructueux fut celui de l'ex-beau-frère de Chris, le courtier en assurance Phil Hetz, que conduisit Pat Montgomery.

Phil se rappelait qu'au début « Liysa était très gentille et avait l'air de se sentir bien dans la famille ». Puis, peut-être parce qu'ils étaient tous les deux des « pièces rapportées », elle lui avait fait des confidences. Chris, disait-elle, la harcelait, allant jusqu'à la frapper. De ces allégations, Phil n'avait jamais eu la moindre preuve.

– Je lui ai dit que si ce qu'elle racontait était vrai, elle devait quitter Chris, pour le bien de ses enfants, mais elle protestait toujours en disant qu'elle voulait préserver son mariage.

Après la brève incarcération de Chris à Bend, à la suite de la plainte de Liysa, elle avait téléphoné à Phil dans un état d'extrême nervosité. Il lui avait répété qu'elle devait le quitter, que c'était le moment ou jamais.

– Mais elle ne l'a pas fait. Un jour, elle m'a montré un bleu sur son bras, une autre fois une marque rouge sur sa joue.

Interrogé sur l'aide qu'il avait apportée à l'écriture du scénario cosigné par Liysa et Craig Elliot, Phil déclara :

– Elle plaisantait sur toutes ces horribles histoires de femmes battues. J'ai trouvé curieux qu'elle puisse en rire.

Pendant une de leurs séances de travail, Liysa avait demandé à Phil s'il était possible de souscrire une police au nom de son conjoint à son insu. Il lui avait répondu qu'en général les compagnies exigent que l'assuré passe une visite médicale ; l'intéressé était donc forcément au courant.

Du scénario en question, voici ce qu'il avait retenu :

– Il y avait une maison sur la plage à Santa Barbara, de la plongée sous-marine et une héroïne au tempérament bien trempé qui avait épousé, je cite, un « salaud de coureur de jupons » qu'elle finit par tuer avec un harpon.

Liysa n'avait que des horreurs à dire sur ses beaux-parents, surtout sur Jeanne, qu'elle traitait de « mauvaise mère qui a fait de son fils un monstre ». Elle semblait chercher à découvrir un secret de famille dont elle pourrait se servir contre eux.

Quand Montgomery interrogea Phil sur son opinion personnelle, il déclara qu'en effet les Northon avaient peut-être été un peu trop indulgents avec leurs trois enfants, mais qu'ils étaient quand même des « gens formidables » ; il continuait d'ailleurs à les voir régulièrement avec ses enfants depuis son divorce.

Pour ce qui était de Chris, il ne l'avait jamais entendu critiquer Liysa, quoique, de temps à autre, il lui ait avoué que la vie commune n'était pas « toute rose ».

– Avez-vous cru Liysa quand elle disait que Chris la battait ? questionna Montgomery.

– Une fois seulement, après leur fameuse bagarre à Bend. Les autres fois, non, ça sonnait faux.

Phil ajouta qu'il avait cessé de plaindre Liysa le jour où il avait reçu d'elle une lettre de prison, où manifestement elle cherchait à lui rafraîchir la mémoire. « Pas encore remise du choc subi à la mort de Chris », elle se prétendait catastrophée à l'idée que les fils de Phil considèrent leur oncle comme un « méchant ». Phil devait leur faire comprendre que l'alcool et la drogue l'avaient perverti. « Qu'ils sachent que Chris a voulu nous tuer, Bjorn et moi, et que j'ai seulement voulu nous protéger. » Elle décrivit ses blessures en détail et affirma qu'elle ne pouvait pas encore « s'habiller sans assistance ».

Liysa rappelait en outre à Phil leurs discussions, les craintes qu'elle était supposée avoir émises, les bleus qu'il avait évidemment remarqués sur son corps... « Tu sais que Dick et Jeanne se bercent d'illusions. Je sais que tu leur es attaché, mais il faut que la vérité triomphe. »

La deuxième personne dont la déposition jeta quelque lumière sur l'affaire fut l'amie d'enfance de Liysa, Marni Clark.

Elle reçut Montgomery et Dinsmore dans son cabinet d'avocat à Walla Walla. Les enquêteurs virent aussitôt que cette femme, qui connaissait Liysa depuis longtemps, paraissait troublée.

Elle commença par leur déclarer qu'elle ne représentait pas Liysa, mais que c'était elle qui l'avait mise en contact avec Me Pat Birmingham. Elle essayait aussi de l'aider pour la garde de Bjorn. C'était d'ailleurs à elle que Tor DeWitt avait confié Bjorn et Papako la première nuit après le drame. Marni avait ensuite hébergé Bjorn pendant trois semaines.

Marni avoua aux policiers que le jour où Liysa lui avait annoncé son mariage avec Chris, elle n'avait pas su s'il fallait se réjouir. Ils étaient trop différents. Chris, la rigueur même, entraîné par son métier de pilote à l'exactitude et à la maîtrise de ses émotions. Liysa, l'incarnation de la fantaisie, dotée d'une imagination débridée...

Les plaintes initiales de Liysa dataient de leur première année de mariage. Elle l'accusait de harcèlement moral et physique. Elle confessa à Marni qu'elle avait contacté plusieurs centres pour femmes battues.

Deux semaines avant le drame, Marni avait parlé à Chris au téléphone, longuement, de choses et d'autres, et Chris avait tergiversé avant d'aborder le sujet de Liysa. Il lui affirma que tout se passait « pas trop mal, mieux qu'avant » et lui avoua :

– Liysa et moi ne sommes pas vraiment faits l'un pour l'autre. Je suis trop du style ours dans sa caverne.

Quand elle avait évoqué les trous dans les cloisons de leur maison, il avait rétorqué d'une voix calme :

– Je ne suis pas le seul, Marni.

Pour Marni, il ne se rendait pas compte à quel point Liysa était malheureuse. Pauvre Liysa, elle n'était plus que l'ombre d'elle-même...

– Leur mariage était peu conventionnel. Ils vivaient ensemble seulement deux ou trois jours par mois, à cause du travail de Chris. Mais Chris tenait beaucoup à Bjorn.

Oui, Marni était au courant de l'expédition au camping Maxwell. Mais ce week-end-là, elle assistait à un mariage à Portland. C'était son mari, Ben, qui avait décroché le lundi lorsque Liysa les avait appelés, leur annonçant qu'elle était en prison pour avoir tué Chris « par accident ». Ben avait alors passé le téléphone à sa femme. Marni tenta de reconstituer le dialogue :

– Il est mort, annonça Liysa d'une voix neutre.

– Mort ? Chris est mort ?

Marni connaissait bien le problème de la violence conjugale, et elle s'était souvent demandé comment Liysa acceptait les mauvais traitements sans se défendre. Elle se considérait comme peu objective dans le cas de Liysa.

– Il y a deux côtés à toute chose. Je n'en connaissais qu'un. Pour moi, rien n'est tout noir ou tout blanc.

Mais Marni avouait que quelque chose la taraudait : son amie n'avait manifesté aucun remords après la mort de Chris.

Le Dr Ben Clark partageait le malaise de sa femme devant l'indifférence de Liysa.

Avant même la tragédie, Liysa était devenue un élément perturbateur dans sa famille, avec ses visites inopinées, ses crises à propos de Chris, et surtout sa façon de considérer que la vie des autres et leurs problèmes pouvaient être ignorés pour satisfaire ses propres besoins.

Le médecin se rappelait fort bien sa première rencontre avec Liysa, onze ans plus tôt. En novembre 1989, pour fêter le diplôme de Marni, ils avaient fait le tour du monde et marqué une halte à Hawaii, où ils avaient passé deux semaines avec Liysa et son mari Nick Mattson. Un moment de bonheur. Mais quand ils étaient revenus les voir en 1996, le couple ne s'entendait plus. Nick confia à Ben qu'il ne donnait pas cher de leur mariage.

– Liysa a épousé Chris Northon le printemps de la même année, à peine divorcée de Nick, se rappelait Ben.

Ben aimait bien Chris, et Liysa lui apparaissait comme une femme « intelligente et énergique », même si son œil de médecin décelait chez elle des symptômes inquiétants. Il la jugeait à la limite de la personnalité bipolaire, ou maniaco-dépressive, alternant des périodes d'exaltation et d'abattement.

– Son enthousiasme bouillonnant lui faisait perdre le sens des réalités.

D'après Ben, Liysa était insomniaque. Elle avait moins de bas que de hauts, et quand elle était en phase d'abattement, elle dormait beaucoup, d'un sommeil lourd.

– Mais en général elle était sur le sentier de la guerre...

Liysa présentait déjà des troubles du sommeil en 1989, à l'époque où il l'avait vue pour la première fois. Elle collaborait alors avec Nick à ses photographies de surf. Ben avait été frappé par son « côté totalement désorganisé ».

– Elle avait une très jolie voiture, qui était très sale, jonchée de papiers de toutes sortes, tickets de caisses, reçus, etc. Un vrai dépotoir, se souvenait-il.

Bien entendu, le désordre n'est pas en soi symptomatique d'une personnalité criminelle. En fait, ce qui le frappait le plus, c'était sa propension à tout exagérer. D'ailleurs, depuis qu'il avait rencontré la mère de Liysa, il ne croyait qu'à moitié à ses histoires d'enfance malheureuse.

De surcroît, Ben se rappelait que Nick s'était montré très indulgent avec Liysa en ce qui concernait ses folies immobilières. Chris, en revanche, résistait davantage.

Quant à la jalousie supposée de Chris, Ben Clark pensait plutôt qu'en se renseignant sur les déplacements de sa femme, c'était pour leur fils qu'il s'inquiétait.

Ben compatissait à l'inquiétude de Chris, car lorsque Liysa leur téléphonait pour leur annoncer une visite, elle « ne spécifiait jamais ni le jour ni l'heure. Elle débarquait chez nous un beau matin et s'attendait à ce que nous laissions tout tomber pour elle... Et en général, elle frappait à notre porte au beau milieu de la nuit ! ».

– Chris battait-il Liysa ? questionna Dinsmore.
– Ce pourrait être vrai, mais je pense que c'est exagéré.

Ben considérait que Liysa avait mis le grappin sur Chris, et que dès que celui-ci avait tenté de lui imposer des limites, elle l'avait mal vécu.

— Chris menait la belle vie, déclara Ben. C'était quelqu'un qui aimait vivre. Il n'avait pas envie de mourir. Il n'était pas du genre à se cramponner si Liysa le quittait. Ça lui aurait fait de la peine, mais il n'aurait pas gâché son existence... Il n'aurait pas tout fichu en l'air pour se venger.

Sur le chapitre de l'abus d'alcool, Ben pensait que Chris était peut-être un peu alcoolique, en effet, mais qu'il ne l'avait jamais vu devenir agressif.

— Je suis désolé pour Chris, déclara-t-il. Il est mort. Je suis aussi désolé pour Liysa, mais Chris, lui, est mort... il n'avait pas envie de mourir. Ce qu'elle a fait là est horrible, elle devrait être punie. Si elle s'en sort, elle se dira qu'elle était dans son bon droit. Elle n'a aucun remords.

Un autre témoin-clé fut le père de Liysa, Wayland DeWitt. Très proche de sa fille, il l'appelait une fois par semaine. Pour lui, sa parole ne faisait aucun doute : Chris était une brute doublée d'un drogué.

Wayland admit avoir offert à Liysa un revolver un mois avant le drame, en septembre. Il savait qu'elle le cachait dans le sac où elle rangeait ses appareils photo.

— J'avais peur que Chris ne la tue. Je le lui ai donné pour qu'elle puisse se défendre.

D'après lui, « on devait changer la loi ». Quand les enquêteurs lui demandèrent des précisions, il répliqua :

— Chris la traînait par les cheveux, sur ses genoux, et ses genoux se sont infectés. Le médecin a téléphoné à la police de Bend, qui a pris sa déposition et arrêté Chris. Mais qui a payé les pots cassés quand ils l'ont relâché ?

Dinsmore lui posa la question suivante :

— Liysa aurait-elle été victime de sévices sexuels dans sa jeunesse ?

Wayland démentit avec véhémence.

— Et sa mère ? s'enquit le policier.

Un long silence. Wayland répliqua finalement :

— Liysa croit avoir été maltraitée par sa mère... Je travaillais beaucoup en ce temps-là. Quand je rentrais à la maison, je voyais des traces de coups sur Liysa. Ma femme et moi n'étions pas d'accord sur le recours aux châtiments corporels.

D'après Wayland, sa femme avait elle-même reçu une éducation très stricte, suivant la tradition des gens de la campagne, à Joseph, tandis que sa famille à lui était plus libérale.

— Liysa a-t-elle jamais été hospitalisée à cause d'une blessure infligée par de mauvais traitements ?

— Non.

— A-t-elle eu des fractures ?

— Non.

Wayland pensait que leurs collègues d'Hawaii confirmeraient aux policiers les dépôts de plainte pour coups et blessures. Il ne manqua pas non plus de souligner tous les efforts consentis par sa fille pour sauver son union, notamment en sollicitant plusieurs psychothérapeutes que Chris refusait de consulter.

D'après cet entretien, Dinsmore et Montgomery ne purent reconstituer ce qu'avait été l'enfance de Liysa. L'affable Wayland DeWitt se posait en farouche défenseur de sa fille. Pour lui, Liysa était l'ange et Chris le démon.

Dan Jones, l'ami de Chris, se déplaça depuis son domicile dans l'Utah pour parler à Dennis Dinsmore et Steve Briggs, dans l'Oregon. Il leur apprit que Chris était sur le point de se voir promu commandant. Il l'avait joint au téléphone quelques jours avant sa mort.

— Je l'ai appelé pour savoir s'il pouvait me procurer des billets. C'était un vendredi, le 6 octobre. Chris m'a répondu qu'il n'y avait pas de problème... Puis quelqu'un l'a interrompu et il m'a demandé de ne pas quitter. Quand il m'a repris, il m'a dit en riant : « Liysa a l'air d'avoir envie d'aller camper. Elle m'a engagé comme chauffeur... »

— Ils se sont rendus au camping Maxwell chacun dans un véhicule, intervint Dinsmore.

— C'est ce qui me dépasse. Chris y allait justement parce que Liysa voulait qu'il conduise.

Dinsmore lui expliqua alors que Liysa était partie en éclaireur pour déposer Papako chez son amie Ellen.

Dan avait fait la connaissance de Liysa six mois après son mariage avec Chris. Après quoi il avait multiplié les séjours dans le « nid d'aigle » de Chris sur Lanipo Street. Liysa lui avait confié qu'elle avait quitté Nick parce qu'il la laissait seule pendant des mois d'affilée.

— Mais elle se plaignait de Chris aussi. Je lui disais : « Liysa, tu savais que Chris était pilote, qu'il devait s'absenter... Profite de ce que tu as... »

Dinsmore le questionna sur les relations que Chris entretenait avec son beau-fils, Papako.

— Il ne lui faisait pas autant de câlins qu'à Bjorn, mais il faut dire que Papako était plus grand. En tout cas, il l'emmenait partout avec lui. Il lui a appris à pêcher, alors que Bjorn était encore trop petit. Si Chris annonçait qu'il descendait à la plage, Papako ramassait aussitôt ses affaires et se mettait en route. Et il s'asseyait sur les genoux de Chris le soir, quand celui-ci leur lisait des histoires.

— Chris se montrait-il parfois violent ?

— Violent ? Jamais ! Il était plutôt du genre à changer de trottoir quand ça sentait le roussi.

Chris avait-il évoqué l'éventualité d'un divorce ?

— Il pensait que c'était idiot de divorcer, mais il m'a confié avoir averti Liysa que, dans ce cas, il exigerait la garde partagée des enfants et la moitié de leurs biens.

Liysa, selon Dan, était querelleuse. Elle soûlait Chris de paroles et, quand il cherchait à s'esquiver, le poursuivait comme une harpie. Un jour, Dan l'avait vue sauter sur le dos de Chris pour l'empêcher de quitter la maison.

Au cours d'une de leurs dernières conversations téléphoniques, fin septembre ou début octobre, Chris lui avait déclaré que Liysa « devenait folle ».

Chapitre 30

Une fois effectué le tour des amis et de la famille de Chris et Liysa dans l'Oregon, il était indispensable de pousser l'enquête jusqu'à Hawaii, où, après tout, le couple passait la moitié de l'année.

Le tandem Dinsmore-Montgomery s'envola pour Honolulu le 28 avril 2001. Ils louèrent une voiture pour parcourir la trentaine de kilomètres qui les séparaient de Kailua. Après avoir franchi le tunnel qui passe sous la chaîne de montagnes Koolau, ils débouchèrent sur le paysage féerique du sud de l'île d'Oahu.

Lanipo Street, le but de leur voyage, leur parut respirer la joie de vivre avec ses bungalows disséminés au milieu d'une profusion de fleurs parfumées.

Les deux enquêteurs commencèrent par frapper à la porte des voisins les plus proches de Liysa et Chris : deux médecins militaires qui habitaient là avec leurs enfants depuis 1998. Ils se déclarèrent stupéfiés par la mort de Chris ; certes, ils avaient noté des tensions, mais pas d'éclats de voix, encore moins de bagarres.

– Liysa gardait quelquefois nos enfants, et elle avait l'air d'une très bonne mère. Et Chris était un très bon père, même si Liysa se plaignait de ses fréquentes absences.

Ensuite, les policiers rendirent visite à la mère de Tim Sands, Jane. Mais Jane Sands n'avait pas grand-chose à ajouter, sinon qu'elle se méfiait beaucoup de celle qu'elle surnommait « la charmeuse ».

– Regardez-la attentivement : elle est tout le temps en train de préparer quelque chose.

Dinsmore et Montgomery interrompirent leur porte-à-porte dans Lanipo Street pour se rendre aux bureaux de la Hawaiian Airlines. Ils y rencontrèrent Marlene Figueroa, responsable des ressources humaines. Elle sortit volontiers le dossier de Chris Northon.

– On a entendu dire qu'il a giflé une hôtesse, avança Dinsmore. Êtes-vous au courant ?

– Il n'a jamais été impliqué dans une altercation. Et notre compagnie est si petite que rien ne se passe sans que tout le monde soit au courant.

Elle confirma que Chris n'avait jamais reçu le moindre blâme.

– Notre directeur l'avait recommandé pour l'Ohono Hono Award, notre palme d'or du pilotage.

Les enquêteurs s'entretinrent ensuite avec le directeur du service sanitaire, Jim Grymes, responsable des tests d'évaluation de la dépendance envers l'alcool et du dépistage de la toxicomanie.

À en croire les carnets de Liysa, Chris ainsi que d'autres pilotes se félicitaient de contourner le règlement.

– Je ne vois pas comment, répondit Jim Grymes. Nous procédons à ces tests après chaque incident, et surtout de manière inopinée. Tous nos prélèvements partent ensuite pour des labos du Maryland. Nous vérifions la totalité de notre personnel volant et de nos mécaniciens tous les trimestres.

Les pilotes étaient prévenus au dernier moment, peut-être une trentaine de minutes avant l'atterrissage. Si les tests se révélaient positifs, l'employé convoqué était prié de démissionner ou de prendre un congé pour se désintoxiquer.

Quant à l'accusation portée par Liysa selon laquelle Chris se serait testé à la maison avant de prendre son service et fait porter pâle quand les résultats étaient positifs, Grymes était catégorique : Chris n'avait jamais pris de congé maladie.

La réputation de Chris à la Hawaiian Airlines, n'en déplaise à Liysa, se révélait sans tache.

Après cette interruption, Dinsmore et Montgomery se remirent à arpenter Lanipo Street.

Jane Pultz, une habitante de longue date, frisait les quatre-vingts ans mais ne paraissait pas son âge. Elle avait bourlingué presque toute sa vie et exercé toutes sortes de métiers, dont le journalisme. En 1990, elle s'était lancée dans l'édition : cela avait suscité la curiosité de Liysa, qui travaillait sur des scénarios et un roman.

– Je lui ai proposé de lui donner un avis professionnel sur ses textes. Beaucoup de gens se prétendent écrivains, mais j'ai eu l'impression que Liysa était sérieuse.

Jane Pultz connaissait Chris avant son mariage avec Liysa. Elle disait du couple qu'ils étaient de très bons voisins.

– Je les croisais plus de dix fois par semaine, et de temps en temps ils m'invitaient chez eux.

L'ironie voulait qu'une des causes défendues par Jane fût celle des femmes battues. Pendant cinq ans, elle avait travaillé comme bénévole au refuge d'Oahu. Liysa lui déposait souvent des vêtements usagés pour les pensionnaires.

– Liysa vous a-t-elle jamais demandé de l'aide ? questionna Montgomery.

Bien que très intéressée par ce qui se passait au refuge, Liysa n'avait pas fait la moindre allusion à des problèmes personnels. Jane n'avait en outre jamais décelé chez elle le moindre signe indicateur.

– Elle ne présentait aucune des caractéristiques des victimes. Elle était le contraire de la femme repliée sur elle-même, craintive et vulnérable.

En sortant de chez la vieille dame et en regardant le double alignement de maisons aux fenêtres grandes ouvertes sur la douceur parfumée du climat d'Hawaii, les enquêteurs ne purent s'empêcher de penser qu'il devait être difficile de battre sa femme ici sans que tout le monde soit au courant.

Les parents du deuxième mari de Liysa, Nick Mattson, habitaient un quartier huppé d'Honolulu. Mary, la mère de Nick, accepta de parler aux policiers mais ne semblait pas très à l'aise. Elle adorait son petit-fils Papako et craignait que Liysa l'empêche de le voir sous prétexte qu'elle avait dit un mot de trop aux enquêteurs.

Elle leur fournit des réponses vagues, arguant qu'elle connaissait très mal son ex-bru et se contentant de la décrire comme quelqu'un de sportif.

Dinsmore et Montgomery dressèrent cependant l'oreille quand elle leur raconta que si le mariage de son fils avec Liysa n'avait pas duré, c'était en grande partie à cause de l'obsession immobilière de Liysa. Elle faillit lâcher le mot d'aventurière mais se mordit les lèvres, et se corrigea en déclarant que Liysa voulait seulement assurer l'avenir de son fils Papako.

Quant à Chris, elle ne l'avait jamais rencontré et ignorait tout du couple qu'ils formaient, lui et Liysa.

– Avez-vous déjà remarqué des bleus sur Liysa ? interrogea Dinsmore.

– Une fois, sur sa joue. Elle le cachait sous une mèche de cheveux.

Mary admit ne pas être convaincue que Liysa disait toute la vérité. Liysa avait tendance à voir les choses d'un point de vue subjectif, ajouta-t-elle. Elle était trop centrée sur elle-même.

De fil en aiguille, les enquêteurs finirent par lui soutirer sa véritable opinion : Liysa s'était fabriqué un monde imaginaire dans lequel elle obtenait tout ce qu'elle voulait. Au début, les Mattson avaient aidé Nick et Liysa à investir dans des maisons et des terrains, mais au bout du compte ils avaient dû mettre le holà. Quand ses beaux-parents avaient acheté des studios pour les louer, au Texas, dans la ville où vivait leur fille, Liysa, folle de rage, les avait traités de « tauliers ».

– Votre petit-fils Papako vous a-t-il jamais dit que Chris et Liysa se battaient ? demanda Montgomery.

– Au début de leur mariage, à quatre ou cinq ans, il disait qu'ils criaient. Mais il n'a jamais dit que Chris frappait Liysa !

Mary répéta que Liysa était une très bonne mère et qu'elle n'aurait jamais frappé Papako.

– Mais le petit ne lui refusait jamais rien, lâcha-t-elle.

Apparemment, Papako avait un peu peur de sa mère et n'essayait pas de repousser les limites de sa patience.

En sortant de chez Mary Mattson, Dinsmore fit part à Montgomery de l'observation suivante :

– Cette Liysa, voilà une petite femme qui a beaucoup de pouvoir sur son entourage. Ils ont tous peur d'elle. Et je n'arrive pas à savoir pourquoi.

– Je dirais même plus, répliqua Montgomery, personne n'a l'air de savoir qui elle est vraiment !

Chapitre 31

Montgomery et Dinsmore constatèrent, en parlant avec des dizaines de connaissances de Liysa Northon à Hawaii, que celle-ci avait un aussi grand nombre de supporters que de détracteurs. Néanmoins, presque toutes les femmes qu'elle fréquentait avaient remarqué à un moment ou à un autre la trace de bleus sur son corps. Pressée d'expliquer leur provenance, Liysa accusait systématiquement Chris. Mais était-ce vrai ?

Ils réussirent à rencontrer Makimo, l'ex-maître nageur que Liysa dépeignait comme un demi-dieu dans ses journaux intimes.
S'il admettait l'avoir souvent revue à titre amical après leur brève liaison, surtout pendant son mariage avec Nick Mattson, Makimo fut scandalisé par les extraits, d'un érotisme torride, du journal intime que lui donnèrent à lire les deux enquêteurs.
— C'est complètement faux, déclara-t-il en rendant aux enquêteurs les pages photocopiées où Liysa glosait sur une longue et belle histoire d'amour. J'ai couché avec elle deux fois, deux nuits de suite. Je préfère que ces cochonneries ne tombent pas entre les mains de ma femme. J'étais quasi marié à l'époque. Liysa a tout imaginé.
— Pensez-vous que Liysa est dangereuse, qu'elle pourrait tirer sur quelqu'un de sang-froid ?
— Je l'imagine mal revolver au poing. Cela dit, c'est une femme courageuse. Je l'ai vue plonger dans les tunnels de

gigantesques rouleaux, dans des endroits où c'était vraiment dangereux.

– Buvait-elle ? Fumait-elle du cannabis ?

– Autrefois, je l'ai vue boire un verre ou deux, oui, et fumer un joint à l'occasion, oui.

Kit et Cal Minton, à qui Liysa avait confié la garde de Papako, ouvrirent grand leur porte à Dinsmore et Montgomery. Kit était une amie intime de Liysa, au même titre que Marni Clark et Ellen Duveaux, sauf qu'elles ne se connaissaient que depuis quatre ans. Elles s'étaient rencontrées alors qu'elles étaient toutes les deux enceintes, lors de séances de préparation à l'accouchement.

Quinze mois environ après la naissance de leurs enfants, Liysa lui avait montré des traces de coups.

– Elle avait une touffe de cheveux arrachée sur la nuque et une trace sur le poignet, là où Chris l'avait empoignée au niveau de son bracelet en or.

Kit, bien entendu, avait entendu parler de l'incident qui s'était produit à Bend et avait conduit Chris en prison.

– Avez-vous jamais vu Chris soûl ?

– Non, répondit Kit, mais il a une bonne descente. En fait, je ne l'ai pas vu souvent, peut-être une dizaine de fois.

Les enquêteurs, qui avaient eu vent de l'existence de photos d'un genre un peu spécial, interrogèrent à ce sujet l'amie de Liysa. En effet, Kit avait reçu, en septembre 2000, une lettre de cette dernière à laquelle était jointe une diapositive. Liysa lui apprenait que Chris l'avait violée. Comme preuve, elle lui envoyait une photo qu'elle avait réussi à prendre, grâce à un miroir, de ses parties génitales tuméfiées.

– Elle disait avoir besoin de cette preuve pour obtenir la garde des enfants. Je ne l'ai plus... J'ai envoyé la diapo à l'avocat de Liysa, Me Birmingham, et j'ai dû jeter la lettre, à moins que je ne l'aie jointe à la diapo...

Kit ajouta que, pendant leurs vacances à Tahiti, Chris avait enfermé Liysa et Papako dans leur chambre en ne leur laissant à manger et à boire que du pain, du fromage et de l'eau.

Liysa était à ses yeux une amie formidable, très indépendante, qui subvenait entièrement aux besoins de sa famille. C'était elle qui avait acquis la maison de Hawaii et Chris avait acheté celle de Bend sans la consulter.

Cette dernière affirmation était un mensonge de Liysa : les enquêteurs savaient parfaitement que l'achat de la maison de Bend datait d'avant sa rencontre avec Liysa.

Kit était au courant pour le revolver : Liysa se l'était procuré pour se protéger de Chris.

– Elle m'a dit l'avoir acheté dans une armurerie, dans l'Oregon. Elle voulait seulement un aérosol d'autodéfense Mace, mais le vendeur l'a persuadée d'acheter un revolver.

Nouveau mensonge... Wayland DeWitt avait offert le revolver à sa fille.

Kit restait en contact avec Liysa au sujet de Bjorn. Hélas, Cal était muté dans le Connecticut et les Minton, qui avaient déjà trois enfants, n'allaient pas pouvoir garder Bjorn, lequel était quand même mieux à Hawaii, auprès de son grand frère Papako.

Nick Mattson allait accueillir Bjorn.

Pendant que les policiers chargés de l'enquête sillonnaient l'île d'Oahu afin de s'entretenir avec celles et ceux qui pourraient jeter quelque lumière sur le couple Northon, dans l'Oregon, les avocats de la défense, Me Birmingham et Me Mackeson, prenaient une décision sur laquelle ils ne reviendraient plus : le « syndrome de la femme battue » ne constituerait pas la ligne maîtresse de leur plaidoirie.

À cela plusieurs raisons. Pour utiliser un tel argument, Liysa devait se soumettre à une expertise psychiatrique, à la fois auprès d'un médecin choisi par ses avocats et d'un expert sélectionné par l'accusation. L'opération était dès lors risquée : il pouvait résulter de cette dernière consultation la confirmation du diagnostic, ou bien autre chose... qui pourrait se révéler une mauvaise surprise pour la défense. Car, même pour ses avocats, Liysa restait insaisissable.

Ils sollicitèrent un entretien avec une psychologue consultée par Liysa quatre mois après son mariage avec Chris, à une époque où elle accablait déjà son mari de reproches. Elle se prétendait sur le point de le quitter. Pourtant, elle n'avait jamais été aussi éprise d'un homme depuis sa liaison avec son amour de jeunesse, Ray, brisé par la mort accidentelle de ce dernier deux mois avant leurs noces.

Pensant qu'il y avait là un élément exploitable, les avocats se renseignèrent sur ce fameux Ray. Ils furent d'abord étonnés de constater que Liysa ne se rappelait pas son nom de famille... Ensuite, en recoupant les dates, ils s'aperçurent que la période de leurs prétendues fiançailles coïncidait avec le temps qu'elle avait passé dans les îles des mers du Sud en compagnie de celui qui allait devenir son premier mari, Kurt Moran. En réalité, elle avait appris la mort de Ray par des amis plusieurs mois après les funérailles... En d'autres termes, Liysa avait-elle inventé de toutes pièces sa liaison avec Ray ?

La crédibilité de Liysa fut de nouveau remise en cause lorsque ses avocats s'aperçurent que, au cours de ses premiers jours de détention, elle avait joué la comédie à la psychologue représentant les services de lutte contre la violence conjugale. Liysa, qui avait mené des recherches approfondies dans ce domaine, avait prétendu ignorer le sens de l'expression « syndrome de la femme battue ». Elle n'avait pas l'air de connaître grand-chose non plus à la violence entre époux. Sachant que Liysa avait crié sur les toits que Chris lui faisait subir les pires tourments, il y avait de quoi s'étonner.

Pour toutes ces raisons, les avocats se résolurent à plaider la légitime défense. Ils estimaient avoir une bonne chance de convaincre des jurés, dans la mesure où l'accusée évitait d'apparaître dans le box des témoins.

Chapitre 32

À la perspective de l'ouverture du procès Northon, à la mi-juillet 2001, l'émotion se mêlait à l'excitation dans le comté de Wallowa. Les rumeurs allaient bon train ; on s'attendait que les témoignages débouchent sur un déballage spectaculaire.

Liysa devait être transférée à la prison du comté, à Enterprise, plutôt une cellule de garde à vue qu'une véritable prison puisqu'il n'y avait de place que pour une personne ou, à la rigueur, deux détenus du même sexe. Ce réduit n'était en général fréquenté que par des ivrognes, mis à l'ombre par la police le temps de cuver leur vin.

Au printemps, l'administration décida qu'une remise à neuf des locaux s'imposait. Les murs de la cellule furent repeints en vert pomme, et on l'équipa de commodités flambant neuves et de deux banquettes recouvertes de cuir qui pouvaient être repliées contre le mur.

Dans ce cadre pimpant, à défaut d'être agréable – comme dans n'importe quelle prison, il n'y avait pas de fenêtre et l'air vicié sentait le désinfectant, la sueur et le tabac –, Liysa tint salon dès son arrivée. Venaient lui rendre visite des gardiennes et d'anciennes détenues de la prison d'Union. Il y avait une telle affluence dans sa cellule que Dan Ousley dut limiter le nombre de visites.

Le 16 juillet, quarante semaines après la mort de Chris Northon, le procès commença. Liysa, autrefois toujours bronzée, dans une forme athlétique, paraissait pâle et frêle, assise entre ses deux avocats.

Dans le cadre traditionnel d'une salle d'audience à l'ancienne, avec lambris et bancs de chêne, l'assistance se composait des membres de la famille de Liysa qui avaient pu venir à Enterprise ce jour-là, de ses supporters du centre des femmes battues, reconnaissables à leurs badges, ainsi que de la famille et des amis de Chris, sans parler des simples curieux.

Contrairement à la prison, la salle, vétuste, n'avait pu être rénovée pour la circonstance. Il faudrait se passer d'appareils électroniques et se contenter d'un tableau magnétique et d'un rétroprojecteur, la seule touche de modernité étant le portique de sécurité à l'entrée.

Derrière son imposant bureau, le juge Mendiguren était conscient qu'il serait difficile de sélectionner un jury pour l'affaire qu'il s'apprêtait à présider.

Plus de cent citoyens avaient été convoqués, et il fallait en retenir seize avant le lendemain soir. Comme il n'y avait pas assez de places pour eux dans la salle, complication supplémentaire, ils attendaient leur tour dans deux bâtiments administratifs voisins. Finalement, après beaucoup d'allées et venues, de consultations à huis clos et de discussions dans le secret du cabinet du juge, le jury fut constitué en temps et en heure.

Surgit alors un autre problème, celui-là d'ordre déontologique : aucun restaurant de la ville n'offrait de salle à manger privée dans laquelle seize personnes étaient assurées de prendre leur repas en toute tranquillité, sans que les tables voisines puissent entendre les commentaires. On décida de leur servir le déjeuner sur la pelouse ou sous la pergola. L'huissier de justice, Dick Miller, un ancien policier, veillerait à ce que personne ne les approche.

La chaîne Court TV envoya deux cameramen. Leurs images seraient retransmises au siège de leur rédaction, à New York, qui, à l'issue du procès, se prononcerait sur l'opportunité de les diffuser.

Mais aux objectifs des caméras échappa l'un de ces coups de théâtre qui ne se jouent que derrière des portes closes.

En quittant Hawaii pour le Connecticut, Kit et Cal Minton inclurent dans leur déménagement des affaires appartenant à Liysa, que cette dernière leur avait confiées. Entre autres, un ordinateur.

Dans une lettre de prison, glissée subrepticement à une visiteuse afin d'échapper à la censure, Liysa demanda un jour à son amie Kit de « détruire » cet appareil, en lui précisant :

– Ce portable pourrait bien signer ma perte puisque les e-mails ne peuvent vraiment s'effacer du disque dur. Débarrasse-t'en de toute urgence. Je t'en supplie. Avant que quelqu'un vienne fourrer son nez chez toi. Cela n'arrivera sans doute pas, mais on ne sait jamais.

Mue par le même souci, Liysa demanda aussi à son père de détruire son ordinateur, non sans promettre de le remplacer.

Jusqu'ici, Kit n'avait pas ménagé ses efforts pour venir en aide à son amie, pour la bonne raison qu'elle était convaincue de son innocence. Mais cette demande la jeta dans un profond désarroi. Que faire ?

Kit téléphona à Me Birmingham : il lui déconseilla de détruire ce qui pouvait se révéler une pièce à conviction.

– Vous devriez même vous entretenir avec votre propre avocat, lui dit-il.

Ce dernier confirma la mise en garde de son confrère et Kit informa Liysa qu'elle ne pouvait satisfaire à sa requête. Liysa se tourna alors vers son avocat. Peine perdue. Il n'était pas question pour Me Birmingham de commettre pareille faute professionnelle. Et maintenant, il savait en outre que Liysa mentait en juin 2000 à propos du prétendu vol de ses ordinateurs : il y en avait apparemment au moins un qui réapparaissait... Cela n'arrangeait guère Me Birmingham, qui allait devoir tôt ou tard avertir le parquet d'une possible substitution de pièces effectuée par Tor DeWitt, le frère de l'accusé.

En février, l'avocat avait reçu par la poste un colis anonyme. Quand il interrogea sa cliente sur son contenu, elle admit que ces objets lui appartenaient, mais qu'elle ne les avait pas emportés au camping Maxwell. Son frère avait dû les trouver chez elle à Bend : deux paires de menottes et deux pistolets électriques.

Après consultation de plusieurs confrères, Me Birmingham avait conclu qu'il n'était pas tenu par la loi de remettre les pistolets au parquet, en tout cas pas à ce stade de l'instruction. Cette démarche lui fut épargnée. Un appel téléphonique anonyme avertit le bureau du procureur de l'existence de l'ordinateur « volé ».

— Écoutez-moi bien, dit une voix masculine à la secrétaire de Dan Ousley. Une femme du nom de Kit Minton est en possession d'un ordinateur qui appartient à Liysa Northon.

L'information, aussitôt transmise aux enquêteurs, fit l'effet d'une bombe. Pat Montgomery et Dennis Dinsmore n'avaient pas communiqué avec les Minton depuis leur visite à Hawaii. Et il n'avait jamais été question d'un quelconque ordinateur...

Lorsque, enfin, Dinsmore réussit à mettre la main sur le numéro de téléphone de la famille Minton, ce fut pour tomber sur un répondeur. Il fallut attendre le 13 juillet, soit trois jours avant l'ouverture du procès, pour recevoir un appel de Kit Minton, s'excusant de ne pas avoir répondu plus tôt : ils rentraient tout juste de vacances.

Quand elle comprit que Dinsmore s'intéressait à l'ordinateur, Kit demanda à consulter son avocat. Un peu plus tard le même jour, son mari, Cal, téléphona à Dinsmore pour lui confirmer qu'ils avaient bien ce qu'il cherchait. Il déclara que Liysa leur avait confié l'objet « quatre à huit mois avant la mort de Chris ».

— Pouvez-vous m'en fournir une description ?
— C'est un portable Gateway Solo.
— Pourriez-vous me donner son numéro de série ?

Cal exigea alors un délai. Il voulait de nouveau consulter son avocat, afin de s'assurer que ni lui ni Kit ne pourraient être mis en cause et que leur geste ne nuirait pas à la défense de Liysa.

– Et si j'avais une injonction du tribunal ou un mandat de perquisition ?

– Alors, là, bien sûr...

Les embrouilles et les caprices de Liysa perturbaient le ménage Minton au même titre que les Duveaux et les Clark. Cal expliqua que, lorsque Liysa leur avait confié l'ordinateur, ils se trouvaient tous à Hawaii, et non à Bend. À en croire Liysa, elle avait peur que la sœur de Chris ne le lui vole, parce qu'elle lui avait déjà subtilisé des choses, ou que Chris n'efface par jalousie tous ses fichiers de romans et de scénarios.

Muni de ces informations, Dinsmore téléphona au département de la police de Bend et demanda qu'on lui transmette le dossier du cambriolage. C'était Chris qui l'avait signalé : de retour de week-end, ils avaient constaté que les deux ordinateurs de Liysa, un appareil photo reflex et une montre avaient disparu.

Le 14 juillet au matin, deux jours avant le procès, Dinsmore appela le poste de police le plus proche du domicile des Minton, dans le Connecticut. L'agent John Holston l'informa que le numéro de série du portable était le 0015336775, celui-là même qui figurait dans le dossier du cambriolage.

Pourvu d'une injonction en bonne et due forme, l'agent Holston saisit l'ordinateur, auquel il eut la surprise de voir s'ajouter l'appareil photo perdu.

Holston envoya le tout par Federal Express aux enquêteurs. Le colis fut livré dans la journée.

Il s'agissait maintenant de retrouver le courrier Internet et les fichiers que Liysa avait effacés. On achemina l'ordinateur de toute urgence au bureau du FBI de Portland, dont l'équipe comprenait un informaticien spécialisé dans la récupération des données perdues.

Les fonctions d'extraction de données des logiciels en cas de fichiers effacés par erreur ou par suite d'une attaque virale s'améliorent chaque jour. En 2001, il était encore difficile de retrouver et de recomposer tous les fragments d'un texte. Mais les morceaux de prose exhumés par le spécialiste du FBI, Ariel Miller, n'en étaient pas moins éloquents.

Le personnage principal de ses scénarios était une femme, Élise, épouse d'un pilote « schizophrène » qui « bourlingue aux quatre coins du monde en tuant et en violant ».

« Le plus troublant, dit Élise, ce n'est pas tant qu'il se donne beaucoup de mal pour avoir l'air d'un type bien, mais surtout qu'il est incapable d'éprouver la moindre sympathie pour ses semblables. »

Liysa avait donné au personnage masculin trois personnalités distinctes. Il y avait le « charmant Chris », amical, talentueux, beau ; « Holden », l'adolescent rebelle, qui déteste tout le monde mais un peu naïf sur les bords ; enfin, « le Destructeur, un sadique qui harcèle son entourage et utilise les femmes comme des objets jetables... ».

Travaillant sur le disque dur de Liysa, Ariel Miller mit au jour des fragments d'un érotisme pervers et morbide : viols, zoophilie, pédophilie... Des bribes décousues plus ou moins reliées à une trame, toujours la même. Le mari pervers, le monstre, mourait de la main de sa femme, sa victime...

Ariel Miller réussit par ailleurs à exhumer des fichiers contenant des e-mails datés de la fin 1999 jusqu'à juin 2000. L'auteur y parlait longuement de Chris et de Craig Elliot, dont elle avait fini par se lasser. Mais les plus sordides étaient les passages qui laissaient entendre que l'assassinat de Chris était prémédité. Miller imprima ces fichiers le matin de l'ouverture du procès.

Ni l'accusation ni la défense ne savaient encore ce que renfermait l'ordinateur de Liysa.

Chapitre 33

Pour l'instant, les avocats de la défense et le procureur s'accordaient, avec la bénédiction du juge Mendiguren, pour garder le silence sur l'ordinateur en attendant qu'Ariel Miller ait terminé son travail.

À Wayne Mackeson, l'avocat qui réclamait l'exclusion définitive de cette pièce, le juge répliqua :

– Je ne peux pas vous donner satisfaction sur ce point. Le substitut du procureur ici présent, Steve Briggs, affirme qu'il y a un ordinateur ; celui-ci existe ou n'existe pas. Quoi qu'il en soit, je ne peux pas trancher sur ce qui est pure spéculation.

Steve Briggs commença son réquisitoire par un exposé sur la légitime défense.

– C'est une justification qui atténue le caractère illégal d'un homicide ou de coups et blessures volontaires lorsque l'acte en question a été commandé par la nécessité de se défendre ou de défendre autrui. La tâche de l'accusation, qui m'incombe en l'espèce, consiste à vous prouver que l'accusée n'était pas dans la nécessité de se défendre ni de défendre autrui.

Briggs annonça au jury que les résultats de l'autopsie et des analyses de sang de la victime leur seraient présentés par les spécialistes du service médico-légal. En outre, il se demandait pourquoi Liysa avait parcouru tant de kilomètres et traversé tant de villes avant d'alerter la police. Et, pour désamorcer tout effet de surprise susceptible d'être exploité par la défense, il évoqua d'emblée l'incarcération de Chris à Bend deux ans plus tôt, à la suite de la plainte de Liysa, en terminant par un catégorique :

– Cela s'est soldé par un non-lieu !

Comme les jurés ne savaient presque rien de l'affaire, Briggs leur rapporta le récit que Liysa avait livré lors de ses différents interrogatoires.

D'après Liysa, Chris aurait bu une bouteille de vodka sur le terrain de camping.

– Mais elle ne l'a jamais vu boire ! Tout ce qu'elle a vu, c'est Chris portant un gobelet rouge à ses lèvres. Et qu'a-t-on retrouvé dans son sang ? Eh bien, on a retrouvé un sédatif, du Valium. Avait-il de l'alcool dans le sang ? Non.

Le silence planait sur la salle. Briggs ajouta que Chris avait de l'alcool dans les urines, mais non dans le sang. Il était mort la vessie pleine. Cela signifiait que Chris avait bu de l'alcool au cours de la journée, que son organisme l'avait éliminé, mais que, pour une raison ou pour une autre, lui n'avait pas uriné.

– Tout homme plongé dans un état comateux par une forte dose de sédatifs est incapable d'uriner. Prenez un homme qui se réveille d'une intervention chirurgicale, il va mettre plusieurs heures avant de pouvoir vider sa vessie. Mais les spécialistes en toxicologie viendront vous expliquer tout cela... Sur le lieu du crime, on a trouvé une bouteille à moitié vide de Kahlua, une bouteille de bourbon dont il ne restait que le huitième. Il y avait aussi une bouteille de vin vide, mais pas de vodka... Où est passée la vodka ? S'il y en a jamais eu...

Briggs leva un autre lièvre : celui de l'angle de tir. La balle avait été tirée d'en haut, à un angle de 70 degrés.

– Alors que Liysa dit avoir tiré en courant ou en marchant à trois mètres de distance, ce qui correspondrait à une tout autre trajectoire.

Il y avait aussi la question des blessures de Liysa. Il s'agissait en fait de peu de chose, un bleu sur la joue, quelques égratignures sur le corps. Et alors qu'elle disait avoir subi trois tentatives de strangulation, comment se faisait-il qu'elle ne porte aucune marque sur le cou ?

Pourquoi, par ailleurs, Liysa avait-elle pris le temps d'attacher le petit Bjorn sur son siège si elle avait tellement peur que Chris la rattrape ? Pourquoi avoir prétendu qu'elle ne connaissait pas la région de Wallowa, alors qu'elle y avait effectué de nombreux séjours et que sa famille était originaire de Joseph ?

On avait retrouvé une seule balle sur le lieu du crime, celle qui avait transpercé le crâne de Chris pour déchirer son cerveau et finir par s'enterrer dans le sable sous les couches successives de duvet, de mousse polystyrène et de caoutchouc ; pourquoi manquait-il deux balles dans le revolver ? Liysa avait donné trois versions. Dans la première, le coup était parti tout seul dans la voiture pendant qu'elle le chargeait. À quelqu'un d'autre, elle raconta avoir tiré sans le faire exprès dans les fourrés, après avoir tiré sur Chris. À son père, elle dit s'être exercée dans les bois toute seule.

— L'accusée est photographe de profession. Elle aime écrire. Elle a écrit deux scénarios... Dans l'un d'eux, l'héroïne est une femme battue qui tue son mari d'un coup de harpon à la tempe...

Tout en prononçant ces mots, Briggs songeait aux informations que promettait la fouille de l'ordinateur portable retrouvé.

Me Birmingham s'avança à la barre et déclara aux jurés :
— Pour l'instant, cette affaire n'est qu'un immense puzzle dont vous n'avez en main que quelques pièces...

L'avocat allait s'employer à prouver que Liysa Northon n'avait pas eu le choix. Elle avait dû protéger son petit Bjorn, âgé de trois ans seulement... Afin de leur montrer à quelle violence elle avait été confrontée, il allait appeler à témoigner les femmes que Liysa fréquentait à Hawaii. Toutes avaient vu les bleus laissés par les coups de cet homme, au demeurant charmant...

Comme Briggs avant lui, il proposa une reconstitution de la scène, mais d'un autre point de vue.
— Ils quittent à tour de rôle le terrain de camping pour se promener dans la montagne, pendant que l'un d'eux garde le

bébé. Il boit beaucoup. Elle l'accuse d'être soûl et ajoute : « N'oublie pas que tu es pilote. » Il fume un joint et avale des cachets. Il l'empoigne par le cou et la traîne dans la rivière... Pour qu'il la lâche, elle fait la morte. Ensuite il place son sac de couchage entre la tente et le sentier montant vers les voitures. Le croyant endormi, elle cherche à passer, mais il lui saute dessus et essaye à nouveau de l'étrangler. Elle balbutie : « Tout ce que je veux, c'est partir avec le bébé. » Il réplique : « Essaye un peu et je te tue. » Elle attend qu'il s'endorme, puis se glisse jusqu'à sa voiture et sort le revolver que son père lui a donné quelques mois plus tôt. Quand elle le charge, un coup part. Paniquée, elle court jusqu'à la tente pour prendre l'enfant. En remontant vers la voiture avec son fils dans les bras, elle tire à l'aveuglette vers le sac de couchage... Certes, elle aurait pu s'arrêter dans n'importe laquelle des villes sur son chemin, mais elle était terrifiée à l'idée qu'il s'était peut-être lancé à sa poursuite dans son 4 × 4.

Les épaules rentrées, le menton baissé, ses cheveux raides relâchés dans le dos, le visage sans maquillage, entre ses deux avocats, Liysa était l'image même de la femme vulnérable. Elle tressaillait, frissonnait, claquait parfois des dents. On pouvait se demander comment une créature aussi frêle avait pu se dresser contre un colosse de près de deux mètres.

Mais bientôt tous les regards se portèrent sur Ellen Duveaux, à la barre des témoins. Ellen, *a priori* témoin à décharge, commença par expliquer qu'elle était amie avec Liysa depuis vingt ans, même si elles ne s'étaient vues vraiment qu'une dizaine de fois pendant ce laps de temps. Mais elles avaient entretenu une correspondance régulière.

– Elle écrit des lettres magnifiques, indiqua Ellen d'une voix émue. J'ai gardé celles datant de l'époque où nous étions au lycée.

Elle expliqua pourquoi Papako Mattson se trouvait chez elle le week-end de la mort de Chris Northon.

– En août, j'avais animé un atelier de vitrail à la fac de Walla Walla. Papako voulait y assister. Mais il était trop jeune.

Quand Liysa m'a téléphoné pour me demander si je pouvais le prendre ce week-end, j'ai dit oui sans hésiter. Papako est un tel amour...

Liysa avait passé la nuit du vendredi chez eux et était repartie à 11 heures le samedi matin pour retrouver Chris.

— Quand l'avez-vous revue ? questionna Briggs.

— Le lundi matin, vers 7 heures, 7 h 30. Mon mari était sur le départ.

— Dites-moi comment vous l'avez trouvée.

— Oh, dans un état affreux, couverte de bleus.

— Était-elle mouillée ?

— Oui, trempée.

— Vous a-t-elle dit pourquoi ?

— Non, en fait, sur le moment, je me suis occupée de Bjorn. Elle ne pouvait pas le sortir de la voiture à cause de son bras.

— Elle vous a dit qu'elle était blessée ?

— Non, mais je voyais bien qu'elle ne pouvait pas le bouger. Il y avait des bleus...

Ellen avait fait couler un bain pour Liysa et le petit.

— Vous disiez que son bras était couvert de bleus ?

— Non, pas couvert. Elle avait des marques à l'épaule. Mais je ne suis pas médecin...

Très nerveuse, Ellen hésitait sur chaque phrase.

— Avez-vous, oui ou non, vu des bleus sur son bras ?

— Je me faisais plus de souci pour les entailles. Elle en avait aux genoux. Je ne sais pas combien de bleus elle avait sur le bras. J'étais moi-même bouleversée. En fait, je ne me rappelle plus très bien, mais je sais que la Liysa que j'ai accueillie le lundi ne ressemblait pas à celle qui était partie le samedi. En tout cas, elle avait un bleu sur la joue, ça, j'en suis sûre.

Ellen avait mis les vêtements de Liysa dans le lave-linge.

— Vous a-t-elle parlé du revolver ? insista Briggs.

— Quand elle rentrée de l'hôpital.

Ellen ignorait le motif de la dispute.

— Vous a-t-elle parlé du moment où elle s'était réfugiée sous la tente ?

— Oui.

— Et elle a vu que la lune avait disparu ?
— Elle était masquée.
— Vous a-t-elle dit avoir vu Chris ?
— Une fois. Il était allongé à plat ventre dans la rivière.
— Allongé dans la rivière ?
— Bon, au bord de la rivière.
— Je vous demande seulement ce qu'elle vous a dit. A-t-elle dit « au bord » de la rivière ?
— Je ne me rappelle pas.
— Vous a-t-elle expliqué ce qu'elle a fait quand elle l'a vu ?
— Elle l'a tiré jusqu'à son sac de couchage et l'a mis dedans.

Ellen déclara que c'était elle qui avait eu l'idée d'appeler le centre de femmes battues qui avait recommandé à Liysa de se rendre à l'hôpital.

Un peu plus tard, voyant que Liysa ne rentrait pas, Ellen s'était inquiétée.

— Qu'a-t-elle dit à son retour ? interrogea Briggs.
— Que ça ne s'était pas trop bien passé.
— A-t-elle ajouté quelque chose ?
— Qu'elle avait des ennuis et devait trouver une solution.

C'est alors que Liysa lui avait avoué avoir tiré sur le sac de couchage de Chris et que le coup était parti de nouveau accidentellement alors qu'elle se dirigeait vers sa voiture.

— Avez-vous demandé à l'accusée si son mari était blessé ?
— Oui. Mais elle a dit qu'elle avait tiré sur le sac de couchage et était partie en courant.
— Vous a-t-elle précisé qu'elle avait fait une halte chez son frère avant de venir chez vous ?
— Non.

Il n'y avait pas qu'à Ellen Duveaux que Liysa avait caché cette visite. Me Birmingham, son propre avocat, tomba des nues. Il n'était pas au bout de ses surprises...

Sans laisser paraître son étonnement, il prit la suite du procureur et questionna l'amie de Liysa.

— Madame Duveaux, comment décririez-vous l'état émotionnel de Liysa Northon quand elle est arrivée chez vous ?

— Je n'avais jamais vu quelqu'un de blessé. J'ai mené une vie très protégée.
— Elle tremblait ?
— Et comment !
— Et sa voix ?
— Nous n'avons pas beaucoup parlé. Je me suis occupée d'elle comme une mère poule... Mais je voyais bien qu'elle avait vécu un drame...
— Avez-vous noté sur une feuille de papier tout ce qu'elle vous a dit ?
— Pensez-vous ! s'écria Ellen, les larmes aux yeux. Je me rongeais plutôt les ongles.
— Êtes-vous certaine que votre récit est fidèle au déroulement des faits ? Que les choses se sont bien produites dans l'ordre que vous nous avez décrit ?
— Non.
— Ses entailles, avaient-elles la même allure avant et après son bain ?
— Elles étaient propres. Il n'y avait plus de sable...
— Et vous avez déclaré dans votre déposition que vous n'aviez pas beaucoup parlé parce que son fils aîné s'était réveillé ?
— Oui. Nous ne voulions surtout pas l'affoler. Mais j'avais envie de hurler, croyez-moi.
— Votre amie vous a dit avoir tiré sur le sac de couchage, mais pas qu'elle l'avait touché, n'est-ce pas ?
— Non... Et c'est pour ça que j'étais angoissée. Et si Chris était blessé ? C'est ce que j'ai demandé à Liysa. Qu'est-ce qu'on pouvait faire ?

Rien que d'y repenser, Ellen semblait paniquée.

Ellen Duveaux répondit encore à quelques questions avant de demander au juge la permission d'étreindre son amie. Évidemment, il la lui refusa. Alors elle se leva, envoya un baiser à Liysa, quitta la salle... et la ville. Les inspecteurs lui avaient pourtant recommandé de rester à Enterprise – et à la disposition de la justice ; mais, pour une raison inexpliquée, Ellen avait marché du tribunal jusqu'à sa voiture puis roulé jusqu'à

Dayton avant qu'on puisse la rattraper. Il serait aisé de la recontacter en cas de besoin. Pour l'heure, les procureurs et les enquêteurs s'intéressaient davantage au contenu des entrailles de l'ordinateur.

Le shérif adjoint Kevin Larkin, le policier qui avait interrogé Liysa à l'hôpital, se présenta à la barre des témoins.

Larkin confirma que les Polaroïd montrés aux jurés étaient bien ceux qu'il avait pris de la prévenue. Un portrait de femme au visage blême, les yeux clos, avec une tache marron clair sous l'œil gauche. Elle est si peu expressive qu'on ne peut s'empêcher de penser à un masque mortuaire. Sur les autres clichés, une épaule égratignée, une petite coupure bien nette sur le genou.

— Ces photos ont-elles pâli, ou est-ce ainsi que vous les avez prises ? s'enquit Steve Briggs, au nom du ministère public.

— Elles n'ont pas bougé. Elles ne sont pas très nettes, je vous l'accorde, mais elles sont intactes.

Pat Birmingham intervint pour observer que de nouveaux bleus avaient pu apparaître dans les heures suivantes.

— Selon vous, des bleus peuvent foncer avec le temps ? questionna Briggs.

— D'après ce que j'ai constaté, s'il y a un bleu, il se voit immédiatement.

— Donc, si des photographies ultérieures montraient un coquart plus foncé que sur vos Polaroïd, vous seriez étonné ?

— Pas le coquart, non, mais sur le cou, si.

Me Birmingham argua que Liysa ne portait pas de trace de strangulation pour la bonne raison que son mari avait appuyé sur sa carotide.

Deux questions, entre autres, restèrent sans réponse...

Pourquoi Liysa avait-elle attendu une heure pour dire à l'adjoint Larkin qu'elle avait tiré sur son mari ?

Pourquoi était-elle encore trempée en arrivant chez Ellen Duveaux alors qu'elle avait roulé toute la nuit ? Il suffisait qu'elle allume le chauffage dans la voiture...

Chapitre 34

Le témoin suivant fut Jeff Dovci, tout juste nommé responsable du laboratoire médico-légal de Pendledon. Il commença par décrire le lieu du crime, sur lequel il s'était rendu le 9 octobre 2000 : le matériel de camping éparpillé sur le terrain, la lampe électrique neuve, la canne à pêche, la chaise renversée dans la Lostine, les deux gants en caoutchouc jaune flottant au fil de l'eau, les vêtements masculins posés sur une autre chaise. Ces vêtements étaient trempés : un pantalon de jogging, avec des poches pleines de sable.

Dovci fit passer des photographies du site. On y voyait un sac en plastique contenant des antibiotiques pour enfant.

– Avez-vous trouvé d'autres médicaments de quelque nature que ce soit ? demanda le procureur Steve Briggs.

– Non.

Certains clichés montraient les empreintes de pas et de corps laissés sur le sable.

– Alors que je suis plutôt corpulent, commenta Dovci, mes pas ne s'imprimaient pas facilement dans le sable. Cela m'amène à penser que ces traces ont été causées par une chute. Quelqu'un est tombé ou a été poussé...

– Dans quelle direction cette personne était-elle tournée, selon vous ?

– Vers l'eau...

L'équipe médico-légale avait relevé des empreintes de pieds et de mains de petite taille, sans doute ceux d'une femme, et des traces de pas d'enfant. Toutes se mêlaient à de grandes empreintes là où le sable avait été remué, près de la table de camping.

En présentant les photos du sentier situé en surplomb de l'endroit où gisait Chris Northon, Steve Briggs pointa un objet noir sur le sol.

– C'est une lampe de mineur. Une torche électrique montée sur élastique qui s'attache sur le front pour garder les mains libres.

Steve Briggs enchaîna sur la question de la trajectoire de la balle qui avait causé la mort de Chris. Apparemment, il aurait été couché sur le côté gauche quand elle l'avait touché. Pourtant, quand on l'avait trouvé, son visage était tourné vers le ciel, et son corps figé dans une position curieuse.

– Curieuse, en effet, répéta Jeff Dovci. Et quand je me suis penché sur son visage, j'ai été frappé de voir que le sang avait coulé dans deux directions différentes : cela m'incite à penser que le corps a été déplacé, à moins d'avoir basculé de lui-même après l'impact... Il y avait un filet de sang qui coulait vers l'oreille gauche de M. Northon, et un autre coulait vers son oreille droite.

– Pouvez-vous être plus précis ? Pourquoi le sang aurait-il coulé d'un côté puis de l'autre ? insista Briggs.

– C'est une question de gravité. Au départ, son nez étant plus bas que sa tempe, son sang coulait vers l'œil. Puis il a changé de position et le sang a coulé dans l'autre sens, vers son oreille gauche.

Pourquoi Liysa aurait-elle déplacé le corps ? N'avait-elle pas répété cent fois qu'elle avait peur qu'il soit à ses trousses ? Une tierce personne avait-elle soulevé Chris ? Y avait-il eu trois adultes au camping Maxwell cette nuit-là ? C'était peu probable.

Dovci ajouta qu'ils n'avaient pas retrouvé les clés du 4 × 4 de la victime, ni son téléphone mobile.

Me Birmingham prit la relève de Briggs. Pour marquer des points, semer le doute dans l'esprit des jurés, il devrait jeter le discrédit sur le travail de l'équipe médico-légale, en laissant entendre que des examens n'avaient pas été effectués correctement, que des pièces avaient été égarées ou mal exploitées.

Il commença par mentionner l'oreiller gonflable trouvé à côté de la tête de Chris. Qu'en avaient-ils fait ?

— Je me souviens de l'avoir regardé, un point c'est tout.

— A-t-il jamais été envoyé au labo pour analyse ? A-t-on vérifié s'il portait des éclaboussures de sang ?

— Je ne pense pas qu'on l'ait envoyé au labo.

— Avez-vous remarqué du sable sur le corps de Christopher Northon ?

— Oui, il y avait du sable. Je ne l'ai pas examiné sur place des pieds à la tête, mais j'ai vu du sable sur son visage et ses épaules.

— Avez-vous dicté vos observations au fur et à mesure ?

— Oui.

— Voici ce que je lis dans la transcription de l'enregistrement : « Un filet de sang au bord du front, le long des sourcils, semble avoir coulé vers la gauche. »

— Si c'est écrit, c'est que je l'ai dit.

Mᵉ Birmingham observa que son rapport ne comportait pas la moindre allusion à un filet de sang coulant en sens inverse. Dovci répliqua d'un ton catégorique qu'il avait sans doute eu un moment de distraction et oublié de formuler sa pensée à haute voix. Mais il était certain d'avoir remarqué ce détail.

Les photographies avaient beau appuyer les affirmations du spécialiste médico-légal, l'avocat de la défense n'en avait pas moins marqué un point. Il profita de son avantage pour enchaîner : était-il exact qu'on avait trouvé de quoi « rouler un joint » sur la table à pique-nique ? Dovci répondit par l'affirmative.

— Avez-vous découvert du cannabis ?

— Non.

— Et un étui à couteau sans couteau ?

— Oui, un étui en cuir, sans doute pour un couteau à poisson. Une lame longue et fine. On n'a pas retrouvé le couteau.

— Avez-vous cherché dans la rivière ?

— Oui. J'ai promené le faisceau d'une lampe de poche la nuit au-dessus du lit de la rivière. Nous n'avons rien vu.

Me Birmingham lui rappela ensuite que la bâche sous le sac de couchage était, à la suite d'une négligence du service médico-légal, restée dans le 4 × 4 de Chris, où le père de ce dernier l'avait récupérée. À cela, Dovci pouvait difficilement trouver une parade.

Steve Briggs ne tenta pas de revenir sur ces faits, établissant que, de toute manière, Dovci avait été convaincant sur un point : il ne faisait aucun doute que la tête de la victime avait bougé après le coup de feu.

— Vous avez dit qu'il y avait du sable dans les poches du pantalon jeté sur la chaise ? Quelle quantité ?

— Une poignée... de quoi faire une boulette de trois centimètres de diamètre.

— Comment, à votre avis, ce sable est-il arrivé là ?

— Quand j'étais petit, j'ai appris à nager dans un lac d'eau douce. Je plongeais pour toucher le fond et, après avoir longtemps nagé sous l'eau, j'avais toujours du sable plein les poches. Je penche que si quelqu'un se frotte longtemps au fond, surtout en mouvement... le sable se soulève.

— Et quand vous étiez petit et vous contentiez de nager en surface, vous rapportiez autant de sable ?

— Non.

Lors du contre-interrogatoire, Birmingham demanda :

— Toujours quand vous étiez petit, si vous jouiez dans une eau peu profonde avec un ami, vous retrouviez du sable dans vos poches ?

— Bien sûr.

— C'est-à-dire que vous le souleviez du fond ?

— Ce n'est pas tant l'action en elle-même, mais le contact avec le fond...

Pourquoi l'accusation se focalisait-elle sur cette histoire de sable ? Selon la version de Liysa, cette nuit-là, son mari et elle s'étaient battus au bord de la Lostine, et Chris lui avait tenu la tête sous l'eau...

Si les jurés restaient aussi perplexes que les membres de l'assistance, cela ne se voyait pas. Leurs visages ne trahissaient aucune émotion.

Le même jour, Dennis Dinsmore trouva sur son répondeur un message anonyme. Impossible d'identifier la voix, même si elle semblait masculine. Mais ce qu'elle disait expliquait pourquoi Ellen Duveaux avait pris la poudre d'escampette.

D'après l'informateur, Ellen ne disait pas tout. Liysa aurait téléphoné à Ellen plusieurs semaines avant la mort de Chris en lui demandant si elle pouvait lui procurer du poison. Ellen lui aurait répondu qu'elle n'en avait pas. Alarmée, elle aurait appelé Chris pour le prier d'annuler son week-end de camping.

Dinsmore et Montgomery se chargèrent de localiser Ellen et de l'interroger sur cette nouvelle donnée. Elle les considéra d'un air à la fois consterné et soulagé, puis, avec un soupir, reconnut qu'il lui devenait de plus en plus difficile de protéger Liysa.

— On ne s'est pas rendu compte que Liysa était une malade mentale. Il a fallu la mort de Chris. Mais elle ne mérite pas la prison, elle a besoin d'être soignée.

En effet, Liysa avait réclamé du poison et refusé de croire Ellen lui affirmant qu'il n'y en avait pas à la ferme.

— Mais tu dois bien avoir quelque chose pour tuer les rats et les souris ! s'était exclamée Liysa.

Peu après cette conversation, Liysa lui aurait téléphoné de nouveau :

— Si seulement Chris pouvait se perdre dans ses montagnes ! J'aimerais bien le noyer, mais je crois que j'en sortirais perdante, avait-elle ajouté.

Ellen ne l'avait pas prise au sérieux, elle avait néanmoins cherché à avertir Chris.

Elle apprit aussi aux enquêteurs l'existence du sac à dos oublié chez elle par Liysa le matin après le drame. Son émotion avait été telle qu'elle ne l'avait même pas remarqué. Ensuite, elle l'avait rangé avec d'autres affaires appartenant à Liysa, dans sa cave. Puis, un beau jour, elle l'avait ouvert. Il contenait une boîte pour une bouteille de whisky Crown Royal, qui renfermait non pas de l'alcool mais deux objets semblables à des pistolets. À une différence près : à la place d'un canon, ils étaient équipés d'une sorte de fourchette. Son mari ne sachant pas non plus ce que c'était, elle interrogea des amis. Il s'agissait de pistolets électriques d'autodéfense.

Liysa avait aussi laissé derrière elle un appareil photo reflex. Mais cela n'avait rien de surprenant, elle ne se déplaçait jamais sans ses appareils.

Qu'avait-elle fait du sac ? demandèrent les policiers à Ellen. Elle l'avait rangé dans sa cave puis confié à Tor DeWitt, quand celui-ci était venu chercher l'appareil photo à la demande de Liysa.

— Pourquoi ne pas avoir indiqué tout cela à la cour ? s'étonna Me Montgomery.

— Je ne sais plus très bien où j'en suis. Liysa est mon amie. Il faut qu'on l'aide, qu'on la soigne. Et puis personne ne m'a posé de questions sur le poison et les pistolets...

— Vous n'avez pas voulu prendre d'initiative, d'accord, admit Montgomery. Mais à présent que nous sommes au courant, viendrez-vous témoigner ?

Ellen Duveaux acquiesça. À la demande de l'accusation, elle retournerait à Enterprise et dirait la vérité, aussi atroce fût-elle.

Chapitre 35

Le 17 juillet, les témoins défilèrent à la barre sans apporter d'élément nouveau : le frère de l'accusée, Tor DeWitt, ressemblait beaucoup à Liysa et à leur père, en dépit de son cou épais et de ses épaules de culturiste ; le Dr Khalil Helou, monté de La Grande pour procéder à l'autopsie de Chris Northon, pendant le compte-rendu duquel Jeanne et Dick Northon se ruèrent vers la sortie, incapables de soutenir la vue des photos présentées par le médecin légiste ; le shérif adjoint Dick Bobbitt, qui avait été ému par la fragilité de Liysa lors de leur entretien ; Michelle Hooper et Patty Gallaher, les infirmières qui, pour leur part, s'étaient montrées plus sceptiques devant l'état de la patiente...

Dans les coulisses du prétoire, toutefois, se préparait un conflit à huis clos.

En fin de journée, le mardi 17 juillet, l'agent du FBI Ariel Miller livra les premières pages imprimées à partir des fichiers récupérés dans l'ordinateur « volé ».

Certes, d'un commun accord, l'accusation et la défense reconnaissaient que ce matériel était difficilement utilisable au tribunal, pour la bonne raison qu'il faudrait mener une enquête préalable, interroger les personnes citées, etc. Cela dit, les procureurs se montraient méfiants à l'égard des avocats de la défense. Ces derniers exigeaient que l'ordinateur de Liysa ne puisse être retenu comme pièce à conviction d'un bout à l'autre du procès. Par ailleurs, ils avaient l'impression que la défense leur cachait autre chose...

Le 18 juillet, un témoignage fit sensation : celui du Pr Robert Swanson, directeur du laboratoire de Portland, spécialisé dans les analyses toxicologiques médico-légales.

– Commençons par l'alcool, suggéra le procureur Steve Briggs. Quel était exactement le taux d'alcool dans le sang de Chris Northon ?

– Nous avons procédé à deux tests différents. Ils ont tous deux été négatifs.

– C'est-à-dire ?

– La victime n'avait pas d'alcool dans le sang.

D'autres analyses prouvaient que Chris n'avait par ailleurs ingéré ni amphétamines, ni opiacés, ni cocaïne, ni barbituriques. En revanche, deux résultats étaient positifs : d'une part pour la benzodiazépine, un composé chimique utilisé comme anxiolytique et antidépresseur ; d'autre part pour le THC, le principe actif du cannabis. Pour déterminer les taux, on fit appel aux compétences d'un laboratoire en Pennsylvanie.

Le Dr Middleberg, appelé à la barre, confirma les dires de son confrère.

– Veuillez nous parler d'abord du taux de THC. Pour commencer, qu'est-ce que cela signifie ?

– Quand on détecte de 25 à 50 nanogrammes de THC par millilitre de plasma sanguin, cela signifie que la personne vient de fumer un joint.

– Combien Chris avait-il de nanogrammes de THC dans le sang ?

– Onze. Cela signifie qu'il avait fumé du cannabis, mais sans doute plusieurs jours avant sa mort, car ce produit reste longtemps dans le sang. Peut-être cinq ou six jours avant...

Le procureur aborda ensuite la question de l'anxiolytique.

– Il est plus connu sous le nom de Valium, énonça le médecin. On l'administre pour le traitement à court terme des troubles du sommeil...

– Combien en avez-vous trouvé ?
– Deux mille neuf cents nanogrammes par millilitre de plasma sanguin.
– Ce qui correspond à quoi, à peu près ?
– En toxicologie, entre nous, on parle couramment de « peu », de « pas mal » et d'« un paquet ». Eh bien, je dirais : un paquet !

Le procureur marqua une pause puis se tourna vers le jury avant de poursuivre :
– Pouvez-vous nous donner une idée du dosage ?
– Si on prend des gélules de 30 milligrammes – la dose la plus forte –, cela représente entre trois et cinq gélules. Pour les moins dosées... les 7,5 milligrammes... douze à vingt gélules.
– Quel effet aurait cette consommation sur un homme de quatre-vingt-dix kilos ?
– Le sommeil serait quasi immédiat et profond.

Poursuivant l'interrogatoire là où le procureur l'avait laissé, Me Birmingham demanda au spécialiste s'il était possible à un individu consommant du Valium depuis longtemps de développer une accoutumance le rendant insensible à la drogue.
– Oui, il arrive que les gens « montent les doses » pour dormir, mais quand on en arrive à 2 900 nanogrammes, on risque l'overdose. Bref, cette dose est fatale. Je suis bien placé pour le savoir.
– Le *Physicians'Desk Reference*[1] stipule que, parmi les effets indésirables de ce médicament, il peut se produire une « réaction de rage incontrôlable ». Est-ce exact ?
– Oui.
– Merci, docteur, je n'ai plus de questions, déclara l'avocat.

Briggs s'empressa auprès du toxicologue :
– Quel est le pourcentage de cas de ce type après ingestion de Valium ?

---
1. Le *Vidal* américain. (*N.d.T.*)

– En fait, 0,5 % de malades présentent parfois une certaine nervosité. Quant aux crises de rage, le pourcentage est encore moindre.

Briggs insista sur la présentation du médicament. Qu'y avait-il dans les gélules ?

– De la poudre.
– Peut-elle se dissoudre ?
– Oui.
– Aussi bien dans l'eau que dans l'alcool ?
– En effet.

Autrement dit, si Chris n'avait pas été abattu, il aurait probablement succombé à une overdose de Valium.

Chapitre 36

Le 18 juillet, au troisième jour du procès, Dick Northon, le père de la victime, fut entendu par la cour.

On avait sollicité son témoignage pour évoquer l'incident du sac retrouvé dans la voiture de son fils, un sac contenant le matelas de mousse et la bâche ayant protégé le sac de couchage de l'humidité. Même si Dick avait aussitôt transmis sa trouvaille aux services de police, la défense n'en réclamait pas moins que ces pièces soient récusées : qui pouvait jurer désormais que les marques d'impact dans le matelas et la bâche étaient bien d'origine ?

Quant à la cassette audio, elle était inutilisable, ne contenant qu'un enregistrement sans intérêt, une conversation banale de petit déjeuner entre Liysa et son mari. Néanmoins, l'accusée insinuait que les enquêteurs avaient délibérément effacé un dialogue révélateur entre Chris et ses collègues, dans lequel ils conspiraient pour échapper à la vigilance antidrogue de leur compagnie aérienne.

Mais d'après la police, rien d'autre n'avait été enregistré sur la cassette.

Autrement plus passionné fut l'affrontement entre l'accusation et la défense à propos de l'ordinateur « volé », dont Ariel Miller promettait d'extraire « des milliers de pages ».

L'accusation voulait que la cour ordonne sa production au cours du procès en tant qu'élément de preuve, tandis que la défense, pour des raisons évidentes, souhaitait son exclusion définitive.

Sans parler de l'abondant courrier électronique, le seul scénario écrit à quatre mains avec Craig Elliot constituait une pièce à charge.

L'héroïne s'appelait Élise – ce n'était pas très différent de Liysa... Le mari assassiné se prénommait Ted – Liysa avait souvent surnommé son mari « Ted Bundy », comme le célèbre tueur en série... La meilleure amie d'Élise était surnommée « *Bear* » – tout comme la meilleure amie de Liysa à Walla Walla, Marni Clark... Ted mourait d'une blessure à la tête. Leur tout jeune fils se prénommait Bjorn. Et ainsi de suite...

Les e-mails reflétaient encore plus clairement les intentions de Liysa. À son père, par exemple, elle écrivait :

« C'est de pire en pire. Je vais devoir y mettre fin d'une façon ou d'une autre. Il m'a fait des scènes en public, et mes amies à la piscine sont muettes d'horreur en voyant mes bleus. La noyade serait le moyen le plus indétectable... mais j'ai besoin d'un revolver, pour le cas où, et il faudrait que je trouve un moyen pour m'en débarrasser... Nous allons devoir nous débarrasser tous les deux de nos ordinateurs. Je viens de lire qu'on peut retrouver sur un disque dur des e-mails en principe détruits. Ne t'inquiète pas, je t'en rachèterai un... »

Un autre passage d'un message à son père, presque aussi explicite, faisait référence au scénario cosigné avec Craig Elliot :

« J'espère qu'ils aimeront mon scénario. Personnellement, j'aime bien celui que j'ai commencé. À mon avis, Craig veut profiter de moi, mais je crois que nous tenons une bonne histoire, bonne quoique pas géniale... Je fais tout mon possible pour que ça marche et que je puisse gagner assez d'argent pour me débarrasser de Chris sans perdre ma maison. »

À une amie, elle écrit d'une plume plus légère :

« Désolée de tout ce babillage, mais je garde trop de choses pour moi et, comme je n'écris pas en ce moment, je suis privée d'exutoire, et je n'en peux plus... Quelqu'un ne pourrait-il pas l'envoyer au ciel comme un beau ballon... ? »

Dans le secret du cabinet du juge Mendiguren, la défense reprocha à l'accusation d'avoir appris l'existence de l'ordinateur dès janvier 2001, soit six mois avant l'ouverture du procès. Ils auraient attendu la dernière minute pour produire mille feuillets... un véritable pavé que les avocats ne pouvaient pas assimiler en quelques jours !

Le juge préféra porter la discussion en audience devant les jurés. Les enquêteurs Dennis Dinsmore et Pat Montgomery furent appelés à témoigner. Chacun raconta comment les Minton les avaient reçus à Hawaii sans leur parler de l'ordinateur. Ce n'était que le 26 juin qu'un appel anonyme au bureau du procureur les avait mis sur sa piste...

La défense campa néanmoins sur ses positions.

La secrétaire du procureur, Carol Terry, fut appelée à la barre.

– Combien d'appels anonymes avez-vous reçus à propos de cette affaire ? questionna le substitut Steve Briggs.

– Un seul, le 26 juin.

– Vous rappelez-vous l'heure ?

– Juste après le déjeuner. Vers 13 h 10.

– Et comment s'est déroulée la conversation ?

– Une voix masculine a commencé par dire : « Ceci est un appel anonyme. » J'ai d'abord cru à une blague.

Carol Terry prit néanmoins des notes, qu'elle dactylographia par la suite.

– Il a dit que Liysa avait ordonné à Kit Minton de détruire l'ordinateur qu'elle lui avait confié, et qui avait été déclaré volé.

Grâce à ce témoignage qui confirmait les dires des enquêteurs, le juge Mendiguren statua que l'accusation ne connaissait pas l'existence de l'ordinateur auparavant et n'avait donc enfreint aucune règle. Quant à ce que l'on allait en extraire, restait à voir s'il fallait le divulguer pendant le procès.

Chapitre 37

Les avocats Wayne Mackeson et Pat Birmingham lurent avec appréhension les courriels que l'agent Ariel Miller avait récupérés dans l'ordinateur. À l'époque où ils avaient accepté de défendre leur cliente, ils avaient estimé que ce dossier présentait des aspects positifs. Les amies de Liysa avaient accepté de témoigner, de parler de sa bonne humeur, de ses qualités de mère de famille, de son intelligence. Ces témoins s'engageaient à décrire ses bleus.

Au départ, les avocats croyaient à son acquittement. Mais à présent, désabusés après dix mois de préparation durant lesquels leur cliente les avait bernés, la divulgation de ses e-mails serait à coup sûr un désastre. Car, même si le juge Mendiguren n'avait pas encore statué sur ce point, il était probable qu'il ordonnerait leur production après les avoir lus.

Le mobile de Liysa ? Il sautait aux yeux. Ses finances personnelles avaient subi le contrecoup du naufrage de son scénario à Hollywood et de l'amenuisement progressif de ses commandes de photographies de surf. Chris mort, elle pouvait obtenir la maison de Bend, ramasser le pactole de l'assurance vie, la pension de veuve de pilote et voyager gratis depuis Hawaii pour le restant de ses jours. Sans parler de son plan de retraite... N'avait-elle pas confié à un témoin qu'elle devait attendre que Chris devienne commandant pour divorcer afin d'obtenir plus ?

Mais voilà, en cas de divorce, il lui aurait fallu partager la garde de son fils Bjorn.

– Si je n'avais pas Bjorn, avait-elle déclaré à ses amies, j'aurais eu une chance de lui échapper avec Papako. Mais, à cause de Bjorn, il me suivra jusqu'au bout du monde.

Si Chris venait à mourir, cela lui éviterait les désagréments d'un divorce et tout lui appartiendrait, y compris son petit garçon. Liysa n'était plus amoureuse de Chris, les témoins à décharge eux-mêmes pouvaient le confirmer. Indéniablement, Liysa souhaitait la disparition de son mari ; elle voulait le rayer de sa vie, comme elle l'avait fait de bien des hommes avant lui : son premier époux, Kurt Moran, puis Tim Sands, et même dans une certaine mesure Nick Mattson. Elle voulait continuer sa route sans ce boulet au pied.

Birmingham et Mackeson devaient s'obliger à raisonner à la manière de l'accusation, afin de parer à toute révélation, d'autant que leur cliente s'était montrée plutôt cachottière. Ellen Duveaux était disposée à témoigner à propos des pistolets électriques dans le sac à dos de Liysa. Pour l'instant, ils étaient bien au chaud dans leur sac en plastique scellé et étiqueté ; mais, à un moment ou un autre, il faudrait les communiquer en audience. Et ils se souvenaient des observations du Dr Khalil Helou pendant l'autopsie : les marques sur la poitrine de la victime, des griffures, ou plutôt des brûlures...

Au cours de leurs recherches, ils avaient consulté un médecin légiste à la retraite, le Dr Brady, qui avait effectué des centaines d'autopsies. Au vu du rapport, le Dr Brady, lui aussi, pensait qu'il s'agissait sans doute de traces de brûlures.

Il se pouvait que Chris Northon ait été agressé avec un pistolet électrique. Cette arme, pour être efficace, doit être tenue tout contre la peau. En outre, une personne néophyte en la matière pouvait très bien penser qu'en s'en servant sous l'eau elle électrocuterait son adversaire.

Autre souci pour Me Birmingham : il n'avait pas reçu seulement deux pistolets électriques, mais aussi deux paires de menottes. Tor DeWitt lui avait précisé, en lui remettant l'ensemble, avoir découvert cela dans la voiture de Liysa le lendemain du drame. Mais, d'après Ellen Duveaux, les pistolets se trouvaient dans le sac à dos – que Tor était passé prendre chez elle. Quant à Liysa, elle niait avoir emporté ces objets au camping Maxwell.

Les jurés apprendraient tout cela bientôt.

M⁰ Birmingham avait imaginé la scène du crime de mille et une façons. Mais une version le troublait plus que les autres. Quand on avait découvert Chris, plus de douze heures après sa mort, la rigidité cadavérique s'était propagée dans tout le corps. Il avait les mains et les poignets presque joints, fourrés sous son menton comme s'il s'en servait d'oreiller... alors qu'il possédait un oreiller gonflable...

L'avocat se demandait si Chris n'avait pas été d'abord drogué puis, une fois assommé par le Valium, menotté. Un homme inconscient, ligoté dans un sac de couchage : il ne devait pas être difficile de lui tirer dans la tête. Même sans les menottes, il représentait une proie facile.

Était-il possible que Liysa ait eu un complice ? Birmingham en doutait, mais il n'excluait pas cette possibilité. Si quelqu'un était revenu plus tard pour reprendre les menottes, il aurait forcément bougé le corps. Cela aurait expliqué le double tracé du filet de sang sur le visage de Chris.

Liysa lui avait par ailleurs raconté, comme dans sa déposition à la police, qu'elle avait roulé droit jusqu'à la ferme des Duveaux. Non, elle ne s'était pas arrêtée chez son frère ! Pourquoi donc s'était-elle aussi longtemps accrochée à ce mensonge ? *A priori*, ce détail n'avait guère d'importance. Tor DeWitt ne l'avait pas aidée. Il l'avait envoyée chez Ellen et était parti travailler. Quelques heures plus tard, il l'avait emmenée voir son ami l'adjoint Dick Bobbitt.

Et pourquoi était-elle trempée en débarquant chez Ellen, cinq ou six heures après avoir quitté la rivière ? Birmingham, comme Pat Montgomery avant lui, se demanda si elle n'avait pas marqué une halte en chemin pour mouiller ses vêtements, afin de rendre son histoire plus crédible.

De même pour la présence d'alcool dans les urines de la victime. Au départ, cela paraissait jouer en faveur de sa cliente.

Toutefois, il semblait que les conclusions l'accablaient davantage. Chris n'avait pas vidé sa vessie, comme toute personne ayant ingéré de l'alcool, alors que l'absence d'alcool dans son sang prouvait qu'il en avait bu longtemps auparavant. Pourquoi n'avait-il pas uriné ? Sans doute parce qu'il n'avait pas pu, sans doute parce que pendant tout ce temps il était resté dans le coma.

Chaque élément venait saboter les efforts de la défense. L'ordinateur, le poison, les pistolets électriques, les menottes... Liysa Northon n'avait pas aussi bien étudié les protocoles d'enquête que les ficelles du métier d'assureur. Comment avait-elle pu oublier que la police procédait à des analyses de sang après une mort suspecte ? Elle avait commis tellement d'erreurs et raconté tant de mensonges que ses avocats se retrouvaient pieds et poings liés.

Me Birmingham en déduisit qu'il valait mieux conclure un accord avec le procureur que risquer de se fourvoyer en continuant le procès. Pour l'accusation, démontrer que Liysa avait prémédité la mort de son mari, sans doute depuis plus d'un an avant le meurtre, se révélerait un jeu d'enfant.

On pouvait toujours tenter de convaincre le jury que Liysa était en proie à une folie passagère quand elle avait tiré sur Chris. Mais, même dans le meilleur des cas, elle serait condamnée pour coups et blessures ayant entraîné la mort, l'action étant considérée comme volontaire, mais non pas le résultat – le coup de feu était parti délibérément, mais la meurtrière ne voulait pas tuer.

Me Mackeson se rendit dans la cellule de Liysa pour lui proposer cette nouvelle ligne de défense, prêt à essuyer un refus. Contre toute logique, elle restait convaincue de son acquittement et n'avait aucune intention d'avouer sa culpabilité.

Mackeson lui expliqua qu'elle pouvait invoquer la jurisprudence Alford : il s'agit d'une renonciation au procès sans aveu de culpabilité obligatoire : l'accusé consent, en toute connaissance de cause, à l'imposition d'une peine d'emprisonnement même lorsqu'il se refuse à admettre sa participation aux actes constitutifs de l'infraction. Si le procès se poursuivait, insista Mᵉ Mackeson, il y avait de forts risques pour que les jurés la déclarent coupable de meurtre avec préméditation. Si elle acceptait la solution qu'il lui proposait, il irait parler au substitut Steve Briggs afin de négocier la sentence.

Liysa, toujours certaine de s'en sortir, se montra d'abord très réticente. Elle tenait à témoigner, à prouver au jury que Chris était un psychopathe. « Un nouveau Ted Bundy »...

Mackeson s'arma de patience. Il lui réexposa la situation. Au mieux, à l'issue du procès, ils obtiendraient un verdict de coups et blessures ayant entraîné la mort. Et encore, à condition de parvenir à convaincre les jurés qu'elle était une femme battue. En revanche, si elle acceptait de conclure un marché avec le procureur, elle n'avait pas à s'inquiéter du verdict et ne pouvait être condamnée pour meurtre avec préméditation, ce qui lui aurait valu la prison à vie.

À contrecœur, Liysa finit par accepter que ses avocats tentent de lui obtenir la meilleure solution possible ; en son for intérieur, elle bouillait de rage.

Mᵉ Mackeson passa la plus grande partie de la soirée et de la nuit à faire la navette entre le bureau de Dan Ousley et la minuscule cellule de Liysa. Elle ne parvenait pas à comprendre que les pages d'écriture qui lui étaient si chères avaient fini par la piéger.

Chapitre 38

Le jeudi 19 juillet au matin, après une nuit blanche, les principaux protagonistes se rassemblèrent dans le bureau du juge Mendiguren. Voyant qu'un marché était sur le point de se conclure, ce dernier renvoya le jury pour la matinée. Les jurés sortirent troublés de la salle d'audience, où toutes sortes de rumeurs circulaient à voix basse. Les cadreurs de la chaîne Court TV attendirent, tout aussi perplexes. Ce procès qui promettait deux semaines de témoignages passionnants semblait tourner court...

Dan Ousley et Steve Briggs restèrent dans leur bureau pendant que les avocats allaient et venaient de chez eux à la cellule de Liysa.

Elle savait qu'elle resterait en prison, mais combien de temps ? Sa mère, Sharon Fisher, était venue l'aider à négocier. Ses avocats l'avaient sauvée de la perpétuité. Mais l'accusation avançait le chiffre de dix-huit ans. Dix-huit ans ! Impensable ! Elle avait trente-sept ans, elle en aurait cinquante-cinq à sa sortie ! Ses fils seraient des hommes, sa carrière brisée... Tout ce qu'elle voulait, c'était sa liberté et assez d'argent pour en profiter. Si elle éprouvait des remords d'avoir tué Chris, elle n'en fit part à personne.

En fin de compte, tous tombèrent d'accord sur une sentence de douze années et demie. Pour elle, une éternité, mais pour les parents de Chris, pour ses amis qui le pleuraient, vraiment pas grand-chose.

Ariel Miller continuait d'extraire des textes de l'ordinateur : les avocats de Liysa, craignant que les e-mails mis au jour ne prouvent la préméditation, souhaitaient en finir au plus vite. Pourvu que soit énoncée la sentence avant qu'un texte accablant soit rendu public !

À 14 heures, en ce bel après-midi de juillet, le juge Mendiguren, du haut de son fauteuil, interrogea du regard les représentants de la défense et de l'accusation.

L'assistance retenait son souffle.

Maintenant qu'elle se présentait à son corps défendant sous les traits d'une meurtrière, Liysa, petite et frêle entre ses deux avocats, avait un air vulnérable et effrayé, l'air, oui... l'air d'une femme battue.

Le juge Mendiguren lui demanda si elle comprenait qu'elle avait plaidé coupable de coups et blessures ayant entraîné la mort. Elle répondit que oui.

– Je tiens cependant à m'assurer que vous connaissez vos droits. Les avez-vous pris en considération ?

– Oui.

Le juge insista : elle pouvait continuer le procès et tenter sa chance auprès du jury.

– Comprenez-vous bien qu'en invoquant la jurisprudence Alford vous renoncez à ce droit ?

– Oui.

La sonnerie d'un téléphone mobile fit sursauter l'assistance. Le juge Mendiguren menaça de confisquer les mobiles.

– Vous avez le droit de répondre aux témoins à charge et vos défenseurs peuvent interroger ces témoins. Vous le comprenez ?

– Oui.

Le juge ajouta qu'elle avait la possibilité de présenter des preuves qui l'innocentent, d'appeler des témoins à décharge et même de témoigner elle-même si elle le souhaitait. Savait-elle qu'elle était présumée innocente jusqu'à preuve du contraire ?

– Vous comprenez bien cela ?

– Oui.

Les mâchoires serrées, Liysa acquiesçait plutôt qu'elle ne répondait, obligeant le juge à se répéter. Puis il en vint au chef d'accusation :

— Vous êtes accusée, Liysa Ann Northon, d'avoir, le 9 octobre 2000, causé la mort, avec l'intention de la donner, de Christopher James Northon au moyen d'une balle dans la tête alors que vous étiez en proie à un accès de confusion mentale. M'avez-vous compris ?

— Oui.

— Et à cette accusation, plaidez-vous coupable ou non coupable ?

— Coupable.

Le menton de Liysa tremblait, comme si son visage allait se décomposer. Après des heures et des heures de négociations, la sentence allait tomber comme un couperet, sèche, juridique. Le juge Mendiguren lui demanda :

— Avez-vous en toute liberté et sans arrière-pensée choisi de plaider coupable à l'accusation de coups et blessures ayant entraîné la mort ?

Liysa ne répondit pas immédiatement. Dans les tribunes, les gens retinrent leur souffle. Enfin, après ce silence éloquent, Liysa lâcha :

— Oui.

Un oui plein de réticence. Manifestement, elle prenait ce parti à contrecœur. Mais elle avait dit oui, et ses avocats laissèrent échapper un soupir de soulagement.

Le juge appela les jurés pour leur annoncer que le procès état terminé, les remercia et les autorisa à rester dans le prétoire jusqu'à la fin s'ils le souhaitaient. La cour se chargerait de passer leurs notes à la déchiqueteuse. Ils étaient dispensés de prendre une décision.

Avant que le juge ne prononce la sentence, le père de la victime, Dick Northon, demanda la parole au tribunal, qui accepta.

— Je crois pouvoir dire que Chris était un jeune homme extraordinaire dans un monde ordinaire, déclara Dick. Un pilote de premier ordre, un musicien talentueux. Mais ce qu'il aimait le plus, c'était la nature. Et son fils. Il adorait sa famille, et était entouré d'un cercle d'amis chaleureux. Chris avait un nombre de « meilleurs amis » impressionnant. Ils n'ont pas tous pu être là aujourd'hui... J'ai grandi sans la présence d'un père. Chris, je le sais, et je l'admire pour cela, s'efforçait d'être un père idéal. C'est pourquoi il a tenu dans une situation intenable. Il aimait aussi Papako. Je me souviens d'un jour où le petit Papako était tombé à l'eau, à Tumalo Creek. Chris a plongé pour le sortir de là. Il l'a sauvé de la noyade. D'ailleurs, le père de Papako voulait l'amener aux funérailles de Chris, parce que le petit l'aimait tant...

Sa voix se brisa. Il reprit d'une voix tremblante :

– C'est un crève-cœur. Je ne m'en remettrai jamais.

Liysa, qui avait écouté son ex-beau-père d'un air légèrement irrité, se leva pour lancer à son tour :

– Monsieur le président, si j'ai fait ce que j'ai fait, c'est pour sauver la vie de mes enfants et la mienne. Le bonheur de mes enfants compte pour moi plus que tout au monde. Et je regrette d'avoir dû aller jusqu'à cette extrémité pour les protéger. Merci.

Après quelques secondes de silence, le juge Mendiguren annonça :

– La sentence est la suivante : étant donné la gravité de l'acte, les cent vingt mois de détention usuels, soit dix ans, seront portés à cent cinquante.

Le juge enveloppa Liysa d'un regard presque bienveillant. Liysa esquissa un pâle sourire.

– Comme je partage l'avis de Me Birmingham, poursuivit-il, vous n'êtes financièrement pas en mesure d'honorer une amende à la hauteur de votre crime, je vous condamne à une amende de 500 dollars et à 105 dollars de frais de justice.

Dix ans de prison ferme sans possibilité de libération conditionnelle pour bonne conduite, plus trente mois.

Le juge fit observer que, Liysa étant jeune et en bonne santé, elle parviendrait à gagner assez d'argent en détention pour payer ses amendes. Et, souhaitant sans doute terminer sur une note optimiste, il conclut en disant qu'elle serait plus jeune à sa sortie qu'il ne l'était à présent.

L'on interdit à Liysa de tirer profit de son crime, autrement dit de l'exploiter dans des œuvres écrites ou audiovisuelles. En général, cette disposition laisse les condamnés indifférents, mais on imagine l'effet qu'elle eut sur Liysa, qui puisait son inspiration dans son propre quotidien.

Bravache, elle sourit, de son sourire le plus chaleureux, celui auquel tant d'hommes avaient succombé.

Devant le palais de justice, les caméras de Court TV se braquèrent sur Dick Northon, Wayland DeWitt et son ex-femme Sharon Fisher. Tous trois clignaient des yeux, éblouis par l'éclatant soleil de juillet. Colère et douleur se lisaient sur leurs visages : personne n'avait gagné. Chacun peinait à comprendre le sort que le destin avait réservé à son enfant.

– Liysa n'est pas méchante, ce n'est pas une meurtrière, dit Sharon Fisher. Et ce n'est pas une criminelle. Elle essayait juste de survivre.

Wayland DeWitt laissa libre cours à son indignation, comme chaque fois qu'il prenait la défense de sa fille.

Quant à Dick Northon, il se contenta de lâcher :
– Liysa a tué le seul être qui sache la vérité à son sujet.

Chapitre 39

Après la conclusion de son procès, Liysa fut d'abord transférée à Salem, au centre correctionnel de l'Oregon, pour une évaluation, puis à l'institut correctionnel de l'est de l'Oregon (EOCI), près de Pendleton. On lui attribua le matricule 13948511. Sa vie était aux antipodes de celle, si insouciante, si riche de soleil et de mer, qu'elle avait menée à Hawaii.

Elle serait libérée au plus tôt le 10 avril 2013. Papako aurait vingt ans, Bjorn seize. Liysa avait voulu se débarrasser de Chris sans envisager que les événements prendraient une tournure aussi néfaste. La séparation d'avec ses fils fut sans doute son châtiment suprême. Elle aurait droit à quelques visites par an, elle pourrait leur écrire ; un bien pâle substitut à la vie de famille.

La chaîne Court TV diffusa des extraits du procès entrecoupés d'interviews de spécialistes, d'avocats et de juristes. Après visionnage, 44 % des téléspectateurs déclarèrent Liysa coupable, tandis que 56 % la jugèrent innocente...

En attendant que Liysa interjette appel, il fallait trouver une solution pour la garde de Papako, et surtout de Bjorn, qui n'avait plus son père.

Liysa se plaignait parfois de l'exubérance de Bjorn, « comme son père, » précisait-elle. Le temps qu'il passait autrefois avec Chris lui pesait, car elle avait l'impression que Bjorn ne lui était pas aussi attaché que Papako. Pourtant, l'amour qu'elle portait au petit garçon était indéniable, et elle l'avait allaité jusqu'à son incarcération, le 9 octobre 2000. Même si Bjorn, endormi lors des faits, n'avait pas été témoin de la mort de son père, les nombreux bouleversements qu'il avait traversés en si peu de temps ne manqueraient pas de l'affecter.

Juste après l'arrestation de Liysa, Tor DeWitt avait emmené l'enfant chez Marni et Ben Clark, à Walla Walla ; quelques semaines plus tard, sur instruction de sa sœur, il l'avait confié aux Minton, lesquels s'en séparèrent lorsqu'ils quittèrent Hawaii pour le Connecticut. Nick Mattson et sa nouvelle épouse le recueillirent ; mais, comme ils venaient d'avoir un bébé et que Papako s'était installé chez eux, Nick décida d'envoyer Bjorn passer un mois chez ses parents sur le continent. Le petit n'avait plus de père, sa mère était en prison, et entre le 8 octobre 2000 et le 18 juillet 2001, il avait connu cinq foyers différents. Il fallait régler la question, et vite.

Le placement de l'enfant était entre les mains des Services de l'enfance de l'Oregon, pour la simple raison que ses parents étaient domiciliés à Bend avant le drame. Le problème se posait en ces termes : quel serait le meilleur foyer pour lui ? Comme, pour Liysa et sa famille, les proches de Chris étaient à proscrire, et vice-versa, l'hostilité entre les deux clans risquait d'avoir un impact déplorable sur les deux petits garçons. Une assistante sociale, Billie Bell, fut chargée de l'enquête préalable.

Elle envoya des questionnaires aux différentes personnes concernées, entre autres Nick Mattson et sa jeune femme, Debbie et Dave Story... À leur grand regret, Jeanne et Dick Northon ne demandaient pas la garde de Bjorn. À soixante-dix ans, ils se sentaient trop âgés pour assumer cette responsabilité. Ils ne seraient peut-être plus là pour le guider pendant son adolescence... Quant aux sœurs de Chris, Mary et Sally, elles n'étaient pas en mesure de s'occuper de lui.

Lorsque Jeanne et Dick allèrent le voir à Hawaii chez les Mattson, Bjorn se jeta dans les bras de sa grand-mère en criant :

– Ramène-moi à la maison !

Puis il ajouta :

— Ma maman a tué mon papa... Mon papa est un ange. Est-ce qu'il pourra venir jouer avec moi ?

Ils durent se détourner pour cacher leurs larmes. Bjorn était le portrait de leur fils à quatre ans. Mais ils s'aperçurent qu'il était content là où il était et n'avait pas tellement envie de rentrer avec eux.

De toute façon, Liysa haïssait les Northon et leur refusait d'avoir leur mot à dire dans cette affaire. Si elle ne pouvait empêcher ses enfants de les voir, elle cherchait le moyen de leur interdire tout droit de visite.

Jeanne et Dick étaient désormais installés à Joseph, au bord du lac Wallowa, dans la maison que leur fils Chris avait voulu les aider à acheter : une grande demeure en bois, assez spacieuse pour y héberger tous leurs petits-enfants, avec une chambre à la disposition des amis de Chris. Arne Arnesen et Dan Jones venaient donner un coup de main à Dick afin de couper du bois pour l'hiver. L'un d'eux, ce premier hiver, se jeta dans le lac gelé :

— Chris l'aurait fait, et il aurait bien ri en me voyant nager.

Papako et Bjorn rendirent visite à leur mère pour Noël. Après quoi Dave Story emmena Bjorn chez son grand-père à Joseph. Il neigeait. Arne, Dave, Bjorn et les trois fils des sœurs de Chris séjournaient dans la maison du lac. Dick offrit à Bjorn une scie pour enfants et il coupa son propre sapin de Noël. La neige était profonde, les enfants hurlaient de joie en glissant sur la luge de leur grand-père.

Quand Bjorn aperçut la photo encadrée de son père dans le salon, il lança un joyeux : « Salut, papa ! » Il examina le sac de pilote de son père et sa casquette, sous l'œil ému de sa grand-mère.

Un jour, il pourrait lire l'album dans lequel les Northon avaient conservé les lettres que les amis de Chris avaient envoyées après sa mort. Comprendrait-il jamais ce qui s'était passé ?

De tout leur cœur, les Northon souhaitaient que le petit aille vivre auprès de Dave et Debbie Story. Mais la décision ne leur appartenait pas.

Liysa, pour qui le voyage et la liberté avaient tenu une si grande place dans sa vie comme dans son imagination, se voyait désormais non seulement claquemurée, mais aussi épiée, surveillée dans ses moindres faits et gestes par une administration sans âme. Elle continuait néanmoins à donner le change. Elle travaillait en cuisine, faisait de la gymnastique, jouait les bibliothécaires, s'inscrivait à tous les cours proposés aux détenues, se joignait aux séances de thérapie de groupe... Bref, à première vue, c'était une prisonnière modèle.

Mais il ne fallait pas se fier aux apparences.

Début 2002, elle jeta les premiers jalons d'un procès en appel. Elle commença par attaquer le procureur, Dan Ousley, en l'accusant d'avoir « effacé et falsifié des preuves » : entre autres, effacé la cassette où elle aurait enregistré une conversation de Chris avec ses collègues sur la façon de contourner le règlement antidrogue de la compagnie aérienne. Chaque fois que Liysa envoyait l'une de ses lettres fielleuses au conseil de l'Ordre, Dan Ousley devait se justifier, jusqu'au moment où le Conseil, exaspéré, finit par signifier à Liysa qu'il ne recevrait plus son courrier.

Elle inonda de lettres le bureau du procureur lui-même. Ses écrits n'auraient pas dû, prétendait-elle, être utilisés contre elle.

« C'est une violation de mes droits constitutionnels. Je suis en mesure d'exiger que vous me rendiez mes ordinateurs, carnets, cahiers, etc. Vous pouvez les envoyer à mon frère, Tor DeWitt. »

Sur le chapitre de ses beaux-parents, voici ce qu'elle écrivit :

« Les Northon ont proféré des menaces à l'encontre de mes enfants. Je compte demander au FBI d'enquêter sur leurs activités et vous serez tenus pour responsables de l'aide et du soutien que vous leur avez accordés. »

Elle ne précisait pas en quoi consistaient ces terribles menaces. Dans sa cellule, elle perdait de plus en plus contact avec la réalité.

De même vis-à-vis de Dave et Debbie Story, qu'elle détestait depuis qu'ils avaient livré son journal intime aux autorités. Elle envoya à la police d'Honolulu une lettre les dénonçant comme « gros trafiquants de drogue ». Elle se déclarait prête à passer au détecteur de mensonges, voire à subir un « test d'ADN » !

Lorsque la police s'abstint de donner suite, elle se contenta de hausser les épaules : les flics d'Honolulu n'étaient-ils pas les meilleurs clients de Dave Story ?

Sa famille elle-même n'était pas à l'abri de ses divagations. Elle prétendait désormais avoir accepté de plaider coupable parce que le procureur l'avait menacée d'accuser son père et son frère de complicité de meurtre.

Chapitre 40

Le 18 avril 2002, Liysa fut transférée à la prison pour femmes de Coffee Creek, dans la banlieue sud de Portland. Son père, qui avait déménagé pour rester auprès d'elle, réintégra son cabanon au bord du Pacifique. Un courrier de sa main fut publié dans *The Oregonian*, où il critiquait le système, notamment la gravité des peines infligées à des personnes sans casier judiciaire.

À la même époque, deux lettres anonymes bouleversèrent les différentes personnes ayant à cœur le bonheur du petit Bjorn.

La première, postée à Seattle, s'adressait à Lora Lee Mattson, la femme de Nick. Elle n'était pas datée.

« Nous sommes un petit groupe qui nous sommes contentés d'observer les événements depuis que notre ami Chris Northon a été tué par l'ex-femme de votre mari. Nous n'avions pas jugé bon jusqu'à ce jour de nous manifester. Mais votre mari et vous venez de prendre une décision qui nous oblige à sortir de notre réserve. Nous avons passé l'année à rassembler des données qui changeront radicalement votre vie, à vous et à vos enfants. Des informations que vous préféreriez ne jamais voir divulguées. Nous avons des preuves photographiques pour appuyer nos dires. De sorte que nous vous prions instamment de réfléchir. Vous avez deux fils, cela devrait vous suffire. Ni l'un ni l'autre ne souffrira si vous et votre mari cessez votre combat pour la garde de Bjorn Northon. Pensez très fort au patronyme de Bjorn. Dites-vous qu'il ne subira aucun traumatisme s'il quitte votre foyer demain ou dans deux mois. Mais si vous vous obstinez à chercher à obtenir sur lui un droit de tutelle, gare à vous. Il serait préférable que Papako n'apprenne pas ce que nous savons. En général, il vaut mieux que vous soyez tenus éloignés de nos révélations. Vous méritez de mener une vie normale et d'élever vos deux fils et tout enfant que vous souhaitez avoir dans l'avenir, au lieu de risquer de détruire votre famille, votre mariage et tout espoir d'une vie convenable. [...] Ne cherchez pas à devenir sa famille d'accueil. Vous gagneriez peut-être Bjorn, mais vous perdriez tout espoir de bonheur. »

La deuxième missive, postée à Spokane, dans l'État de Washington, était destinée à Billie Bell, l'assistante sociale chargée du dossier Bjorn Northon.
« Chère madame Bell,
« Nous sommes un groupe de gens inquiets, et nous avions pour Chris Northon une grande affection. Depuis sa mort, nous observons la femme qui l'a tué et toutes les personnes qu'elle connaissait. Son ex-mari, Nick Mattson, a percé dans la carrière de photographe en commençant par des photos de pédophilie. Il a aussi un faible, ou du moins l'avait-il quand il était marié à son ex-femme, pour les petits garçons. Elle le savait. Elle sait tout ce qu'il fait. Comme Bjorn est sous sa garde, nous voudrions que vous lanciez une enquête. Et nous vous supplions de placer Bjorn dans un foyer qui ne l'exposera pas à de nouveaux traumatismes. »

Billie Bell réagit aussitôt : elle demanda que Liysa soit soumise au détecteur de mensonges, ainsi que Tor DeWitt, les Story, les Mattson et les parents de Chris.
Il leur incombait de répondre aux questions suivantes :
1) Avez-vous participé à l'écriture ou rédigé vous-même la lettre adressée à Lora Lee Mattson ?
2) Avez-vous écrit ou tapé cette lettre ?

3) Avez-vous lu ou vu cette lettre avant qu'elle soit postée ?

4) Connaissez-vous l'identité de la personne qui a écrit ou tapé cette lettre avant qu'elle soit envoyée ?

Péchant peut-être par excès de naïveté, Jeanne et Dick Northon acceptèrent de s'envoler pour Hawaii et de subir le test le 30 janvier 2002. N'ayant pas le moindre doute quant à leur innocence, ils furent ébahis en apprenant que l'examinateur avait jugé leurs réponses fallacieuses.

– J'ai pourtant répondu le plus honnêtement du monde, m'expliquera Jeanne, mais chaque fois que je disais « nous » pour Dick et moi, il affirmait que je lui mentais.

Ils rentrèrent chez eux perplexes et, quelques jours plus tard, demandèrent à passer de nouveau au détecteur. Cette fois, personne ne trouva rien à redire au test de Jeanne, mais celui de Dick, souffrant d'une hypertension aggravée par la mort de Chris, fut jugé peu concluant.

Liysa, Tor, les Mattson et les Story ne rencontrèrent pas de difficulté particulière : selon le détecteur, ils étaient tous dignes de foi. Ne furent pas testés Wayland DeWitt, Sharon Fisher (la mère de Liysa), ni aucun des amis de Chris et Liysa.

Le mystère des lettres anonymes demeurait entier. Qui les avait envoyées ? Qui était le corbeau ? Impossible à dire.

Les spécialistes des détecteurs de mensonge expliquent que les résultats dépendent de l'habileté et des opinions personnelles du sujet testé, ainsi que de sa santé et de son émotivité. Les individus dénués de conscience ne se sentent pas menacés à la vue des électrodes. Certains s'entraînent même à battre la machine. Mais il ne faut pas non plus occulter les nombreux cas où le détecteur perce à jour un menteur.

Les Northon espérant que leur petit-fils serait élevé par les plus proches amis de leur fils, les soupçons pouvaient se porter sur eux. Mais n'était-ce pas là l'intention de l'expéditeur anonyme, noircir Dick et Jeanne aux yeux des autorités ?

Quoi qu'il en soit, les « secrets » capables de bouleverser la vie des Mattson ne furent jamais divulgués.

Avant la date fixée pour l'attribution de la garde de Bjorn, de longs conciliabules eurent lieu entre les Northon, les Story et les Mattson.

Le 28 mai 2002, chaque couple se présenta au tribunal de Bend accompagné de son avocat. Liysa assurait elle-même sa défense. Dans l'Oregon, les détenus ont le droit de se rendre à des audiences de cette nature, à condition d'avoir les moyens de payer le voyage et une gardienne armée en guise d'escorte. Liysa fit son entrée dans le prétoire vêtue de sa combinaison bleue, menottes aux poignets, bracelets métalliques aux chevilles – entraves dont, une fois dans la salle, la gardienne la débarrassa.

Tous s'accordaient à penser que Bjorn était parfaitement bien chez les Mattson, et que Dave Story devait avoir un droit de visite bimensuel – sauf Liysa !

Elle commença par protester sans quitter son siège. Le juge Stephen Tiktin lui enjoignit de se lever – il fut obligé de lui adresser plusieurs rappels à l'ordre tout au long du procès. Elle déclara avoir elle-même demandé que son fils Bjorn soit placé dans la famille de son ex-mari, mais qu'il n'était pas question que les Story aient un droit de visite. Jamais !

– Les Mattson doivent pouvoir librement décider qui peut voir Bjorn. Dave Story n'a jamais été le meilleur ami de Chris. C'était John Gill son meilleur ami.

Quant aux parents de Chris, elle acceptait qu'ils aient un droit de visite, mais elle insista pour que Dick subisse l'épreuve du détecteur de mensonges au sujet des « lettres ». Elle glissa si bien le nom de son beau-père en référence à cet incident qu'elle finit par donner l'impression qu'on pouvait le soupçonner...

Les parents de Chris s'effondrèrent. Eux qui pensaient que la décision serait prise rapidement et qu'ils ne resteraient pas longtemps à Bend, ils se trouvaient non seulement coincés par une procédure promettant de durer au moins deux jours, mais en outre accusés d'être les auteurs des lettres anonymes...

Liysa abattit alors son atout : Chris lui aurait avoué que son père avait abusé de lui quand il avait huit ans. Comment, dès lors, la justice pouvait-elle lui permettre de voir son petit garçon ? Un pédophile... Elle ajouta que, toujours d'après Chris, sa mère s'était prostituée dans sa jeunesse.

Elle exigea que Dick soit soumis à des tests d'« excitation sexuelle » avant chaque visite à Bjorn.

Quelle accusation plus perfide pouvait-elle porter à l'encontre d'un homme qui avait consacré trente ans de sa vie à l'enseignement ? Peu importait qu'il n'y ait pas un mot de vrai, l'humiliation était cuisante.

Lorsque le juge demanda à Liysa si elle avait écrit une lettre à Bjorn après la mort de Chris en lui disant que son père avait menacé leur vie à tous deux, elle rétorqua :

– Bien sûr !

Et elle lut à haute voix, fièrement :

– « C'est bien de sauver la vie de son bébé et sa propre vie. C'est ce que j'ai fait. Mais ce n'est pas bien de taper, d'étrangler ou d'essayer de tuer son semblable. C'est ce qu'a fait ton père. Cela prendra du temps, mais tout finira par s'arranger. »

À l'entendre, elle s'était contentée de répondre à ses questions et lui avait proposé une « explication tout en douceur ».

Nick Mattson témoigna par téléphone et décrivit Bjorn comme un « enfant actif et affectueux ». Il surprit désagréablement Liysa en décrétant qu'il pensait que les visites de Dave Story étaient bénéfiques au petit.

Il n'était pas envisageable pour Nick de partager avec Liysa la responsabilité parentale. Il expliqua à la cour que l'enfant souffrirait moins si sa famille n'avait pas de comptes à rendre à Liysa. Et il réclamait pour sa sortie de prison qu'il soit établi un calendrier, afin que leur soient épargnés les « visites surprise ».

Il voulait en outre qu'il soit stipulé que Liysa ne devait pas parler à Bjorn de l'argent de l'assurance de son père.

Liysa lui lança d'une voix où l'on devinait une colère contenue :

– Tu me crois incapable d'agir dans l'intérêt de Bjorn ?

– Non.

Elle souhaitait un droit de visite de deux semaines par an. Nick riposta que Bjorn irait lui rendre visite comme aux autres personnes qui l'aimaient, mais qu'il serait très nocif pour l'enfant de séjourner dans un établissement pénitentiaire.

– Mais je suis sa mère. Une mère n'est-elle pas plus importante que tout ?

– Si, mais pas quand elle est en prison pour dix ans.

Liysa lui rappela qu'elle lui avait vendu la maison de Lanipo Street à perte.

– J'ai ôté la commission de l'agent, voilà tout, ironisa Nick. C'est la deuxième fois que j'achète cette maison, sans jamais l'avoir revendue.

Sans insister, elle réattaqua au sujet des visites de Dave Story, lui rappelant leur trahison : ils avaient livré ses écrits intimes aux autorités.

Nick restant sur ses positions, elle s'indigna :

– Les Story t'auraient-ils raconté des trucs sur moi ?

– Non, pas depuis longtemps.

Tant de sarcasmes de la part de Nick la prit de court. Mais elle repartit aussitôt à l'assaut. Pourquoi refusait-il la garde conjointe comme pour Papako ?

– Rendez-vous dans dix ans. Tu n'as pas les mêmes liens avec Bjorn qu'avec Papako. Bjorn n'avait que trois ans et demi quand il a été séparé de toi.

– Tu as toujours dit que j'étais une bonne mère, insista-t-elle. Je ne le suis plus ?

Une pause. Puis Nick répliqua :

– Tu as des problèmes psychiatriques, tu dois te soigner. D'un côté tu es une bonne mère, en effet ; mais si tu estimais que la vie de Papako était en danger, pourquoi ne pas m'en avoir parlé ?

– Tu crois qu'en tuant Chris j'ai agi dans l'intérêt de Bjorn ?

– Seul Dieu peut le dire. Je ne voudrais pas être celui qui a à émettre ce jugement.

Le deuxième jour, le juge Tiktin eut davantage maille à partir avec Liysa. Cela sautait aux yeux : elle projetait de se servir de ce procès de garde d'enfant pour préparer son appel. Avec cet objectif en tête, elle appela à la barre des témoins son frère et quelques amies fidèles. Tor DeWitt se présenta comme « praticien ». Mia Rose évoqua le calvaire de Liysa femme battue. Mais la majorité de ceux qu'elle avait convoqués s'arrangèrent pour ne pas se présenter.

Le jugement ne fut énoncé que dix-neuf jours plus tard, le 20 septembre, un peu avant le deuxième anniversaire de la mort de Chris.

Le petit Bjorn resterait chez Nick et Lora Lee Mattson.

« Pour favoriser la stabilité de Bjorn Northon et son épanouissement, sa famille d'accueil doit bénéficier du droit de garde plein et entier. Les Mattson sont dès lors détenteurs de la responsabilité parentale de Bjorn Northon. »

Liysa obtenait le droit de visite minimum recommandé par l'assistante sociale, Billie Bell. Ses fils lui seraient amenés pour de brefs moments dans l'établissement où elle était détenue. Quand il viendrait dans l'Oregon voir ses grands-parents, Bjorn irait d'abord rendre visite à sa mère. Elle avait le droit de lui écrire et de lui téléphoner, mais les Mattson devaient surveiller ce qu'elle lui disait. Elle pouvait écrire aux Mattson, mais ils n'étaient pas tenus de suivre ses conseils. Elle n'était en revanche pas autorisée à prendre contact avec les professeurs de son fils, ni avec l'administration de son école.

Quatre fois par an, les Mattson devaient envoyer à Liysa un compte-rendu de la scolarité et de l'état de santé de Bjorn, en même temps qu'une photo. Si jamais il avait un problème de santé grave, il faudrait l'avertir sur-le-champ.

Liysa n'avait pas le droit de critiquer Chris ou sa famille devant Bjorn. Le jour venu, en présence d'un thérapeute, elle pourrait peut-être parler avec lui de la mort de son père.

Épilogue

En octobre 2002, je montai en voiture jusqu'au camping Maxwell pour voir comment se présentait le lieu du crime. Il me fallait connaître le cadre pour tenter une reconstitution des événements.

Une odeur d'aiguilles de pin et de terre sèche parfumait l'air déjà froid à cette altitude. Rien ne subsistait du périmètre de sécurité, pas le moindre ruban jaune flottant au vent dans un buisson. Le meurtre de Chris n'avait pas laissé de trace.

Je dépassai la table à pique-nique, contournai les troncs d'arbres qui marquaient la frontière entre le parc de stationnement et le terrain de camping proprement dit, puis descendis jusqu'à la berge par le plus long des deux raidillons.

Le soleil caressait les branches des grands sapins tout comme celles, dénudées, des troncs tombés en travers des rochers de la rivière. Sans doute était-ce dans ce treillage que s'était coincée la chaise de camping des Northon...

Vu l'endroit où l'on avait retrouvé le corps de Chris, ce dernier n'avait pas pu bloquer le passage vers les sentiers. Il gisait là, la tête contre les troncs qui séparaient la plage du couvert végétal.

Toujours d'après le descriptif que j'avais à la main, je repérai l'endroit où était plantée leur tente... entre les sentiers et le sac de couchage de Chris. Il n'était donc pas nécessaire à Liysa de passer près de lui si elle voulait s'enfuir avec Bjorn.

Pourquoi une femme qui avait tout reçu, l'intelligence, l'amour, l'argent, des enfants adorables, pourquoi cette femme n'avait-elle pas simplement quitté son mari si ce dernier ne répondait plus à ses attentes ? Alors qu'elle n'en était pas à son premier divorce... Cette question, je brûlais de la poser à Liysa Northon. Hélas, elle avait répondu par la négative à chacune de mes propositions, comme elle avait refusé de parler aux enquêteurs Pat Montgomery et Dennis Dinsmore.

Pendant deux ans, Liysa s'était présentée comme une victime de violences conjugales. Elle avait décrit son mari comme un psychopathe, qui sous ses allures tranquilles cachait une âme de brute. Ensuite, elle l'avait entraîné dans ce lieu solitaire et exécuté d'une balle dans la tête.

Sans doute avait-elle choisi ce comté paisible, où le taux de criminalité avoisine le zéro, en se disant que la police n'y verrait que du feu. C'était mal connaître les méthodes d'enquête. En cas de mort brutale, à plus forte raison de mort par balle, on envisage d'abord le meurtre...

Si elle avait effectué cet énorme détour – seize heures de route – pour déposer Papako chez son amie Ellen Duveaux, n'était-ce pas parce que l'enfant, à dix ans, était assez grand pour tout voir... ?

Personne, sauf Liysa, ne sait au juste comment se sont enchaînés les faits.

Apparemment, aucun incident ne s'était produit durant la soirée du samedi ni le dimanche matin. Liysa avait déclaré au shérif adjoint Kevin Larkin qu'elle avait laissé Bjorn seul avec Chris pour aller se promener. À son retour, elle aurait trouvé Chris tenant un couteau contre la gorge de leur fils. Première invraisemblance : comment cet homme aurait-il pu avoir un geste pareil ?

Après avoir pris le volant de son véhicule pour s'enfuir avec l'enfant, elle était revenue au camping. Pourquoi ? Pour préparer son dîner à l'homme qui la terrorisait ? À mon avis, c'est à ce moment-là qu'elle a administré la dose mortelle de Valium à son mari. À moins qu'elle n'ait glissé la drogue dans son repas de midi. Dans ce dernier cas, elle serait revenue sachant qu'elle le retrouverait inconscient.

À l'autopsie, on n'avait rien trouvé dans l'estomac de Chris. Il n'avait pas dîné.

D'après le récit de Liysa, ils mangeaient au bord de la rivière, assis sur les chaises pliantes, quand elle l'avait traité d'ivrogne. Cela non plus n'avait pas de sens. Aucune femme saine d'esprit ne provoquerait un homme violent dans un lieu aussi isolé.

Voici comment j'envisage la scène...

Voyant Chris dans le coma, Liysa le tire sur le dos jusqu'à la rivière et, à quatre pattes (les empreintes sur le sable sont là pour en témoigner), lui maintient la tête sous l'eau. N'a-t-elle pas plusieurs mois auparavant écrit à son père : « La noyade serait le moyen le plus indétectable... mais j'ai besoin d'un revolver si jamais... » ?

Comme l'eau est froide, il se réveille à moitié et se débat – peut-être est-ce à ce moment-là qu'elle récolte un bleu. Elle lui applique alors le pistolet électrique contre la poitrine et l'actionne, convaincue qu'il ne résistera pas à l'électrocution (d'où ces brûlures étranges sur la poitrine). Mais c'est peine perdue, Chris reprend des forces.

Il parvient à se traîner jusqu'à la berge sablonneuse. Liysa lui enlève ses vêtements trempés (dont les poches se sont remplies de sable au cours de leur lutte dans l'eau), ses chaussures, et met le tout à sécher sur une chaise pliante. Si on le retrouve nu, cela corroborera les accusations de viol.

De temps en temps, Chris se redresse, se secoue, mais la drogue est trop forte, il retombe sans forces dans le sable.

Liysa doit se rabattre sur son plan de rechange. Elle aide Chris à se glisser dans le sac de couchage ; en tout cas, elle n'a pu le faire seule, elle n'a pas pu à elle seule soulever un homme de près de cent kilos et l'emmitoufler dans son duvet.

Elle remonte la fermeture Éclair jusqu'à son menton. Il dort. Déjà, son cerveau ne fonctionne plus. Mais ses reins fonctionnent, sa vessie se remplit.

Liysa attend.

Elle monte prendre son revolver dans sa voiture, tire un coup accidentellement ; dans son état comateux, Chris n'entend rien.

Il fait nuit.

Elle attache la lampe frontale. Le faisceau lumineux perce la nuit, éclaire son mari. Elle se campe à quelques pas et vise avec soin. Même si les criminologues ne s'accordent pas sur son placement exact par rapport à la victime, ils ont pu constater qu'il n'y avait pas de débris autour de l'orifice d'entrée de la balle. Elle n'était donc pas si proche que cela ; assez néanmoins pour ne pas manquer sa cible.

Elle a tout le temps maintenant de préparer Bjorn, qui dort sous la tente, assoupi grâce au sirop contre la toux. Elle peut prendre son fils, aller chercher Papako, et s'envoler pour Hawaii, où l'attend la vie aisée d'une veuve de pilote.

Par mesure de prudence, elle ramasse le téléphone de Chris et ses clés de voiture. Elle les jettera dans un buisson sur la route.

Ses vêtements sont mouillés après la lutte dans la rivière, mais ils ne le restent pas longtemps, pas assez longtemps. Avant d'arriver chez son frère, et surtout chez Ellen, elle fait une halte dans les toilettes d'une station-service, ou bien sous l'arrosoir automatique d'un champ de culture, pour forcer la note. Il faut qu'Ellen puisse témoigner de ce qu'elle a vu...

Mais pour une criminelle qui a ourdi cette machination pendant deux ans, Liysa a commis beaucoup d'erreurs.

Elle a raconté à tout le monde que Chris buvait de la vodka. On n'a pas trouvé la moindre trace de vodka sur le site. Les bouteilles contiennent bien de l'alcool, mais pas de ceux que Chris aimait boire. Je pense que Liysa a sélectionné quelques bouteilles à moitié vides dans son buffet pour agrémenter sa mise en scène.

Deuxième erreur, extraordinaire de la part d'un écrivain qui a pourtant dû lire des romans policiers : elle semble ignorer que la police procède toujours à des examens de sang et d'urine après une mort suspecte.

Aujourd'hui, Papako et Bjorn vont aussi bien que possible. Nick et son épouse Lora Lee sont la douceur même. Ils chérissent les deux jeunes garçons.

Liysa leur écrit une fois par semaine, pour leur décrire la félicité qu'ils connaîtront à sa sortie de prison, lorsqu'ils seront enfin réunis. Elle semble négliger le fait qu'ils ne seront plus des enfants et qu'ils l'auront forcément oubliée, que ce qui a été cassé ne peut pas toujours être réparé.

À Papako, elle manque, c'est certain ; mais Bjorn était trop petit au moment de la séparation. Et puis il a hérité de la joie de vivre de son père. S'il n'a plus Chris pour lui apprendre à nager, à faire du vélo, à pêcher, il grandit sous le regard affectueux et attentif de ses deux pères adoptifs, Nick Mattson et Dave Story.

Dave rend visite à Bjorn à chaque fin de semaine, et parfois Bjorn vient dormir chez lui. Il considère sa présence auprès de cet enfant comme un « hommage à Chris » et celle du petit comble aussi pour lui un vide ; il descend souvent sur la plage avec lui.

Un jour, une des amies de Liysa, l'une de celles qui avaient déclaré combien elle souffrait entre les mains de sa brute de mari, les reconnut. Elle aborda Dave et lui avoua que, comme les autres, elle s'était rendu compte trop tard que, dans leur couple, ce n'était pas lui l'élément perturbateur. Elles étaient désolées...

Ces remords ne rendront pas la vie à Chris, mais ils contribueront à ce que l'image de cet homme ne soit pas ternie à jamais.

Comme le dit son ami Dave, « Chris n'aurait jamais fait de mal à personne. L'idée que Liysa puisse le noyer est risible. S'il avait été conscient, il lui aurait ri au nez. Il aurait pensé à une plaisanterie. Et si jamais il avait eu le malheur de frapper Liysa, elle aurait eu des bleus terribles, sinon des fractures. Chris était d'une force extraordinaire ».

Personne n'évoque le drame devant Bjorn, mais, comme son frère, il en a été informé par sa mère. Dave raconte comment un jour ils bavardaient au parc avec une vieille dame.

— Elle demande à Bjorn si je suis son père. Bjorn fait non de la tête et dit : « Mon papa est mort. Ma maman lui a tiré dessus et elle est en prison. » Vous auriez vu la tête de la vieille dame !

En raison du marchandage orchestré par ses avocats et de l'avantage obtenu en plaidant coupable avant le procès, Liysa n'eut pas le droit d'interjeter appel. Mais elle ne fut pas longue à se remettre de cette déception. Liysa n'est pas du genre à s'avouer facilement vaincue.

Le 11 novembre 2002, elle adressa une demande de grâce au gouverneur de l'Oregon, John Kithaber, en lui expliquant qu'on lui avait « forcé la main » pour lui faire accepter, « contre son gré », insistait-t-elle, cette tractation.

Le récit qu'elle propose du meurtre ne varie pas. Sans doute à force de se répéter a-t-elle fini par le croire.

Aux questions sur son avenir imprimées sur le formulaire de demande de grâce, elle répondait :

« Je compte reprendre mon métier de photographe et d'écrivain, et ouvrir une maison de repos pour les familles victimes de violences domestiques. Dans mon centre, des gens dont la vie est en morceaux pourront retrouver un équilibre émotionnel et physique, apprendre la communication non violente, s'engager dans des formations professionnelles, apprendre à gérer leur santé, profiter des bienfaits de l'art comme thérapie. Ils trouveront dans mon centre un lieu où se reconstruire. Leur séjour pourra se prolonger jusqu'à deux ans. Grâce à ces soins, le cycle de violence intergénérationnel prendra fin. J'ai l'intention de consacrer ma vie à la lutte contre la violence conjugale. »

En quelque sorte, dans une version revue et corrigée, c'est le fameux « Chrysalis », le ranch New Age dont elle rêvait et que Nick, et à sa suite Chris, lui avait toujours refusé.

Une fois qu'elle eut terminé de remplir le formulaire, elle noircit quelques pages supplémentaires sur papier libre :

« Mon mari me jurait que, s'il me tuait, personne ne retrouverait jamais mon corps. J'avoue avoir fantasmé à propos de la mort de mon mari. Toutefois il s'agit ici d'une affaire à cent pour cent de violence conjugale. Même si j'avais une arme à feu, je ne m'en suis pas servie pendant plus d'un an, et seulement quand mon mari a tenté de me tuer. »

Liysa accusait en outre ses avocats de « manquement à l'équité procédurale » et la presse, par le battage perpétré autour du procès, d'avoir précipité son emprisonnement.

Elle concluait : « Je vous supplie de faire preuve de clémence et de me permettre de retourner auprès de mes enfants. Je n'ai pas pris une vie par plaisir, par intérêt ni perversité. Si je l'ai prise, c'est pour sauver celle de mes enfants et la mienne. Pas une journée ne se passe sans que je pleure. »

C'était la première fois que Liysa exprimait son chagrin. Mais pleurait-elle le mort ou déplorait-elle son propre sort ?

Cet appel à la clémence fut pour le procureur Dan Ousley et pour les Northon la goutte d'eau qui fit déborder le vase. Ousley envoya aussitôt un mot au gouverneur en lui expliquant que les avocats de Liysa avaient été parfaitement consciencieux. Et c'était en pleine connaissance qu'elle avait accepté de marchander avec le parquet.

« Depuis la publication de la sentence, écrivit Ousley, la prévenue persécute la famille et les amis de sa victime. Durant le procès de garde d'enfant concernant le fils qu'elle a eu avec la victime, elle a proféré à de multiples reprises des accusations fausses à leur encontre, entre autres des accusations de pédophilie, de trafic de stupéfiants, d'escroquerie, les unes comme les autres rejetées par la cour comme infondées. »

Quant à Dick Northon, il contredisait Liysa, qui prétendait ne pas avoir tué son mari par intérêt : « Le patrimoine de Chris s'élève à 1,2 million de dollars. Si elle n'avait pas été inquiétée, elle aurait hérité de la totalité. »

En mai 2003, le gouverneur refusa sa grâce à Liysa.

Cette rebuffade l'arrêta-t-elle ? Pas du tout : elle s'empressa d'attaquer en justice le couple Story, pour lui avoir « volé son journal intime ». La cour qualifia sa plainte de nulle et non avenue. Et Liysa poursuivit aussi en justice ses avocats, Mes Birmingham et Mackeson, pour incompétence.

Or, tout bien considéré, si jamais Liysa Northon obtenait la réouverture du procès, je ne pense pas qu'elle en tirerait profit, au contraire. Car un jury pourrait fort bien la juger coupable, et dès lors à ses dix années de prison pourraient s'en ajouter quinze ou plus !

Liysa a tant vécu dans le mensonge qu'on sait fort peu de choses sur elle, en particulier sur son enfance. À force de clamer sur tous les tons que sa mère était une « envoyée de l'enfer » qui lui avait brisé tous les os du corps (vingt-six fractures !), on en viendrait presque à la croire. Mais alors, comment expliquer la présence vigilante de Sharon à la porte de sa cellule pendant son procès ? Et la consultation des archives des hôpitaux a prouvé que Liysa ne s'est jamais rien cassé...

Cette propension à l'affabulation n'est qu'un symptôme parmi d'autres de troubles pathologiques de la personnalité. Comme de nombreuses personnes souffrant de déséquilibre mental, elle ne manifeste que froideur à l'égard des sentiments d'autrui et se montre incapable de maintenir des relations durables, surtout avec les hommes. Si elle sait distinguer le bien du mal, elle n'en a cure. D'après les spécialistes, Liysa Northon présente en outre les caractéristiques d'une personnalité antisociale, celles d'un histrionisme qui se manifeste par une dramatisation confinant au théâtralisme, un désir permanent de distractions et d'activités où l'on est le centre d'attention, des conduites de séduction inappropriées, un égocentrisme et une indulgence excessifs envers soi-même, et, enfin, un comportement manipulateur.

En d'autres termes, sans être folle, Liysa Northon posséderait des traits de personnalité susceptibles de la conduire à la pathologie psychiatrique. Son cas serait encore aggravé par des troubles bipolaires qui la maintiennent dans un état maniaque, c'est-à-dire dans une humeur anormalement euphorique, expansive et irritable, que viennent de temps à autre interrompre des périodes de profonde dépression.

Pensons aux projets mirifiques de Liysa, à son ranch New Age, à son appétit insatiable de patrimoine immobilier. Et quand l'homme de sa vie refuse de se plier à ses exigences, elle trouve plus simple de rompre avec lui et d'essayer avec un autre, plus prometteur. Pensons à sa réaction lorsque, après des mois de travail enthousiaste, elle se voit refuser son scénario : elle laisse tomber Craig Elliot, qui lui propose pourtant une deuxième chance, et sombre dans une mélancolie si grave qu'elle ne se lave plus les cheveux ni ne change de vêtements, demeurant cloîtrée derrière ses volets clos.

Pendant l'été 2003, Bjorn et Papako ont rendu visite à Liysa dans le parc de Coffee Creek, dont le cadre verdoyant a la vertu d'atténuer le choc des enfants qui retrouvent leur mère en milieu carcéral.

Pour ma part, je reçois parfois une lettre ou un e-mail des anciennes amies de Liysa. Certaines s'indignent que je la présente comme une meurtrière, d'autres m'écrivent au contraire :
« Je comptais témoigner en faveur de Liysa lors de son procès. Après avoir vu le réquisitoire sur Court TV, je pense qu'elle est coupable. »

*Composition PCA
44400 – Rezé*

Impression réalisée sur CAMERON par

BRODARD & TAUPIN

GROUPE CPI

La Flèche

*pour le compte des Éditions Michel Lafon
en février 2006*

Imprimé en France
Dépôt légal : mars 2006
N° d'impression : 34221
ISBN : 2-7499-0417-X
LAF : 593